SUNDARKAND
सुन्दरकाण्ड

INFALLIBLE BENEFITS THROUGH PRACTICAL APPROACH

(व्यावहारिक दृष्टिकोण से अचूक लाभ)

D K SHARMA
डी.के. शर्मा

BlueRose ONE.com
Stories Matter
NewDelhi • London

BLUEROSE PUBLISHERS
India | U.K.

Copyright © DK Sharma 2023

All rights reserved by author. No part of this publication may be reproduced, stored in a retrieval system or transmitted in any form or by any means, electronic, mechanical, photocopying, recording or otherwise, without the prior permission of the author. Although every precaution has been taken to verify the accuracy of the information contained herein, the publisher assumes no responsibility for any errors or omissions. No liability is assumed for damages that may result from the use of information contained within.

BlueRose Publishers takes no responsibility for any damages, losses, or liabilities that may arise from the use or misuse of the information, products, or services provided in this publication.

For permissions requests or inquiries regarding this publication, please contact:

BLUEROSE PUBLISHERS
www.BlueRoseONE.com
info@bluerosepublishers.com
+91 8882 898 898
+4407342408967

ISBN: 978-93-5989-551-2

Cover design: Muskan Sachdeva
Typesetting: Rohit

First Edition: December 2023

अस्वीकरण

डेस्टिनी सर्फर्स में हम किसी भी प्रकार के पाखंड, अंधविश्वास के सख्त खिलाफ हैं और कभी भी संबद्ध अनुष्ठानों को बढ़ावा नहीं देते हैं। हम व्यावहारिक तथ्यों को जानने, पूरी तरह समझने और तर्कों को समझाने के बाद उनका अभ्यास करने में दृढ़ता से विश्वास करते हैं। हम कार्यों में स्पष्टता के साथ अच्छे इरादे रखने में विश्वास करते हैं। अगर उद्देश्य अच्छा और साफ हो तो भगवान भी मदद करते हैं।

फिर भी, आध्यात्मिक रूप से इस पाठ को पूरा करने और उसका पालन करने के बाद प्राप्त अनुभव व्यक्ति-दर-व्यक्ति भिन्न हो सकता है। अपनी बुद्धि का प्रयोग विवेक से करें। किसी भी रूप में सकारात्मक परिणाम सुनिश्चित हैं।

Disclaimer

We at Destiny Surfers are strictly against any sort of Hypocricy, Superstition and never promote allied rituals. We strictly believe in knowing the practical facts, practicing them after thorough understanding and convincing logics. We believe in having Good Intentions with clarity in actions. If the motive is good and clear, God helps.

Still, the experience gained after completing and following this paath spiritually may differ from person to person. Use your wisdom with discretion. Positive results in any form are assured.

प्रस्तावना

सुंदरकांड पाठ हिंदू महाकाव्य रामायण का एक चमत्कारी हिस्सा है।

रामायण के अन्य सभी अध्यायों में, श्री राम की कृपा और गुणों की प्रशंसा की गई है और सुंदरकांड में, पूरी टिप्पणी हनुमानजी के असाधारण गुणों, क्षमताओं और श्री राम के प्रति उनकी भक्ति पर है।

यह अचूक रहस्यों की एक तिजोरी है जिसका उपयोग कोई भी व्यक्ति कर सकता है जो किसी उद्देश्य की तैयारी कर रहा हो, बुरे समय या दुर्भाग्य से पीड़ित हो, बार-बार विफल हो रहा हो और यह जांचने के लिए तैयार हो कि गलती कहां है।

- तुलसीदास जी द्वारा रचित श्री रामचरितमानस का यह अध्याय अद्भुत शिक्षा प्रदान करता है जिस का अनुसरण करने से कोई भी व्यक्ति निडर, निःशंक, पूर्ण समर्पण, और विश्वास के साथ सफलता की और अग्रसर हो सकता है | वह क्षमताओं और ईश्वर में दृढ़ विश्वास के साथ सभी बाधाओं को दूर कर सकता है और सफलता के साथ अपने लक्ष्य की प्राप्ति कर सकता है |

हालांकि भारत में सदियों से, यह पाठ किया जा रहा है और इसके परिणाम भी प्रमाणित हो चुके हैं, लेकिन वर्तमान समय में, व्यस्त और भागदौड़ भरी जिंदगी में ऐसे क्षणों का अभाव है, जहां व्यक्ति आंतरिक आवाज और समाधान ढूंढ सके।

सुंदरकांड के चमत्कार, इसके अचूक प्रभाव के बारे में सभी को अवगत कराने के लिए यह मेरी ओर से एक कोशिश है, यदि मेरे शोध और प्रासंगिक प्रमाणों के अनुसार रहस्योद्घाटन किए गए सुझावों का पालन किया जाए| यह सभी तथ्य जो मैंने इस पुस्तक में बताए हैं वो मेरे अपने निजी अनुभव हैं जो मैंने अपने और दूसरों द्वारा इस पाठ के करने पर प्राप्त किये हैं | बुद्धिमान लेखकों द्वारा संकलित कई अन्य संस्करण भी हैं और उनका भी अनुसरण करने का सुझाव दिया गया है।

मेरा विश्वास कीजिये, यदि आप सुझावों का पालन करते हैं, तो आप इसके चमत्कार देखेंगे। सिर्फ एक बार ध्यान से मन लगा कर पड़ने से ही सभी को अनुभव होगा की यह पाठ कितना प्रभावशाली है| सभी की सुविधा और आसान समझ के लिए, सभी चौपाई और दोहों का हिंदी और अंग्रेजी में अनुवाद किया गया है|

शुभकामनाएं|

डी के शर्मा

(प्रिंसिपल काउंसलर-डेस्टिनी सर्फर्स)

Email: destinysurfers@gmail.com

संस्करण: नवंबर 2023

PREFACE

Sundarkand Paath is a miraclulous part of Hindu epic Ramayana.

In all other chapters of Ramayana, the grace and qualities of Shri Ram have been praised and in Sundarkand, entire commentary is on Hanumanji's exceptional qualities, capabilities and his devotion towards Shri Ram.

It is a vault of the infallible secrets that can be used by any person who is preparing for any mission, is suffering in bad times or misfortune, is failing over and over again and ready to cross check where the fault is.

Although since ages in Bharat, this paath has been done and the results have been certified too but in present times, the busy and hectic life is devoid of moments where a person can seek inner voice and solutions.

- This chapter of Shri Ramcharitmanas written by Tulsidas ji provides wonderful education, following which any person can move towards success with fearlessness, without any doubt, complete dedication and faith. He can overcome all obstacles with capabilities and strong belief in god and can achieve his goal with success.

This is a try from my side to apprise everyone about Sundarkand, its miracles, its infallible effects if practiced following the revelation of tips as per my research and relevant proofs. All these facts which I have mentioned in this book are my own personal experiences which I and others have gained after doing this paath. There are many other versions too compiled by wise authors and referring to them is suggested as well.

Believe, me if you follow the tips, you will see its miracles. Just by reading it carefully once, everyone will realize how powerful this lesson is. For everyone"s convenience and easy understanding, translation to Hindi and English has been done for all Chaupai and Dohas,

Best wishes.

D K Sharma

(Principal Counsellor-DESTINY SURFERS)

Email: destinysurfers@gmail.com

Edition: November 2023

विषय

सुन्दरकाण्ड पाठ के मुख्य पात्रों का वर्णन
Description of the main characters of Sundarkand Paath 1

सुन्दरकाण्ड पाठ के बारे में महत्वपूर्ण जानकारी
Important Information about Sundarkand Paath 5

सुंदरकांड में वर्णित संपूर्ण प्रसंग का सारांश
Summary of the entire incident described in Sunderkand ..8

सुन्दरकाण्ड पाठ से पहले प्रार्थना
Praying before Sundarkand Paath 12

सुन्दरकाण्ड प्रारम्भ
Sundarkand starts 17

हनुमान चालीसा (चौपाई 31 पर विवरण)
40 verses praising Hanumanji (Details on Chaupai 31) 155

आरती - पूजा के अंत में एक अनुष्ठान
Obeisance - A ritual at the end of worship 176

सुन्दरकाण्ड पाठ के मुख्य पात्रों का वर्णन
Description of the main characters of Sundarkand Paath

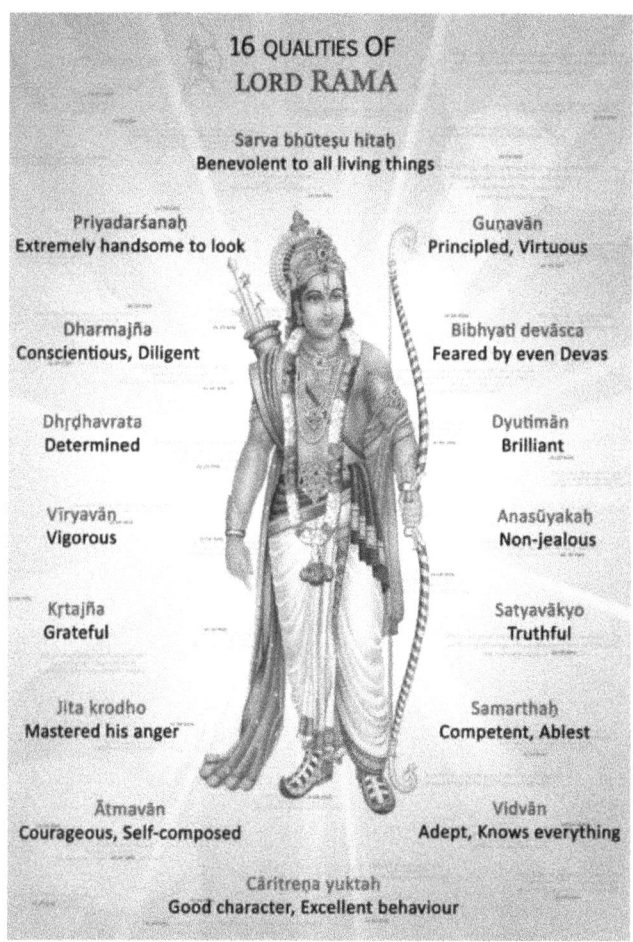

यहां भगवान राम के 16 गुण हैं जो उन्हें सम्मान और न्याय परायणता का सर्वोच्च आदर्श (मर्यादा पुरूषोत्तम) बनाते हैं:-

Here are the 16 qualities of Lord Shri Ram that makes him ideal of supreme honor and justice:-

गुणवान् = Endowed with excellent qualities.

वीर्य वान् = with prowess, vigour.

धर्मज्ञ = Knower of righteousness.

कृतज्ञ = who is filled with gratitude.

सत्य वाक्य = Truthful in his statements.

दृढव्रत = Firm in his vows.

चारित्रेण युक्त = is endowed with good conduct.

सर्व भूतेषु हित = Benefactor of all living beings.

विद्वान् = Learned man.

समर्थ = Competent.

एक प्रिय दर्शन: = Delightful in appearance to everyone.

आत्मवान् = Self-restrained.

जित क्रोध = who has conquered anger.

द्युति मान् = is endowed with splendor.

अनसूयक = who is free from envy.

कस्य बिभ्यति देवा: च संयुगे = whom even the deities fear to engage in battle.

सीता जी (भगवान श्री रामचन्द्रजी की पत्नी) के गुण:-
Qualities of Sita ji (Wife of Lord Shri Ramchandraji):-

देवी सीता एक प्रसिद्ध हिंदू देवी हैं जो अपने साहस, पवित्रता, समर्पण, निष्ठा और बलिदान के लिए जानी जाती हैं। वह हिंदू महाकाव्य, रामायण में शक्ति की मूक छवि हैं। वह एक पत्नी, बेटी और मां के रूप में भक्ति का

प्रतीक हैं। उन्होंने शक्ति और साहस के साथ परीक्षणों और कष्टों से भरा जीवन जीया।

Devi Sita is a well known Hindu Goddess acknowledged for her courage, purity, dedication, loyalty, and sacrifice. She is the silent figure of strength in the Hindu epic, Ramayana. She is the epitome of devotion as a wife, daughter, and a mother. She led a life full of trials and tribulations with strength and courage.

यहां हनुमान जी के कुछ गुण हैं जो उन्हें भगवान श्री राम के भक्त होने योग्य बनाते हैं:-

Here are a few qualities of Hanuman ji that qualifies him to be a devotee of Lord Shri Ram:-

भक्ति और वफादारी = Devotion and loyalty

नम्रता और सेवा = Humility and service

निडरता और साहस = Fearlessness and Courage

बुद्धि और बुद्धिमत्ता = Wisdom and Intelligence

ताकत और सहनशक्ति = Strength and Endurance

संचार कौशल में योग्यता हासिल करना = Mastering Communication Skills

विनम्रता = Humbleness

अपने आदर्शों से कभी समझौता न करना = Never Compromise on own ideals

बहुआयामी गुण, = Multi-dimensional Qualities

समस्याओं का समाधान ढूंढना = Finding Solutions to Problems

आत्म-प्रशंसा से दूर रहना = Abstain from Self Approbation

नेतृत्व कौशल = Leadership Skills

लक्ष्य के लिए आराम छोड़ना = Giving up comfort for achieving aim.

यदि भक्त हनुमानजी जैसा है, तो भक्त के प्रयासों में श्रीरामजी जैसे भगवान हमेशा मौजूद रहते हैं। यदि भगवान श्रीरामजी जैसे हैं, तो उनका भक्त भगवान के नाम पर और उनके आशीर्वाद से किए गए अपने सभी कार्यों में हमेशा सफल होगा

If the devotee is like Hanumanji, Lord like Shriramji is always there in devotee's endevours. If the Lord is like Shriramji, his devotee will always be successful in all his deeds done in the name of and with the blessings of Lord.

रावण का चरित्र:-
Ravan's Character:-

रावण, जिसे दशानन (दस सिर वाला) के नाम से भी जाना जाता है, लंका का समृद्ध और बहुत शक्तिशाली राजा था। वह भगवान शिव का भक्त, असाधारण विद्वान, बहुप्रतिभाशाली, अजेय योद्धा था। उनके पास भगवान शिव से वरदान के रूप में प्राप्त अपार अलौकिक शक्तियां थीं। उनके दस सिर उनकी मानसिक क्षमता को दस महाज्ञानियों के बराबर दर्शाते हैं, यानी वे किसी भी पहलू पर 10 आयामों से विचार करते थे। हालाँकि इन सभी गुणों के बावजूद उनके अति आत्मविश्वास, वासना, लालच, घमंड और क्रोध के कारण भगवान श्री रामजी के हाथों उनकी मृत्यु हुई।

Ravan, also known as Dashanan (Ten Headed) was the prosperous and very strong king of Lanka. He was a devotee of Lord Shiva, exceptionally learned, multi talented, undeafatable warrior. He had enormous super natural powers received as a boon from Lord Shiva. His ten heads denote his mental capability equivqlent to ten super wise persons, means he used to think over any aspect from 10 dimensions. However despite all these qualities his over confidence, lust, greed, pride and anger resulted in his death at he hands of Lord Shri Ramji.

सुन्दरकाण्ड पाठ के बारे में महत्वपूर्ण जानकारी
Important Information about Sundarkand Paath

- सुंदरकांड का पाठ हर प्रकार की बाधा और परेशानियों को खत्म कर देने में समर्थ है। ज्योतिष के अनुसार भी सुंदरकांड एक अचूक उपाय है। इसका पाठ उन लोगों के लिए विशेष फलदायी होता है, जिनकी जन्मकुंडली में मंगल नीच का है, पाप ग्रहों से पीड़ित है, पाप ग्रहों से युक्त है या उनकी दृष्टि से दूषित हो रहा है। मंगल में अगर बल बहुत कमजोर हो, जातक के शरीर में रक्त विकार हो, आत्मविश्वास की बहुत कमी हो तथा यदि मंगल बहुत ही क्रूर हो, तो सुंदरकांड का पाठ राहत देता है। शनि की साढ़ेसाती या ढैय्या में सुंदरकांड का पाठ परेशानियों को कम करता है।

- इसका पाठ करने से विद्यार्थियों को विशेष लाभ मिलता है। यह आत्मविश्वास में बढ़ोतरी करता है। इससे परीक्षा में अच्छे अंक प्राप्त होते हैं, बुद्धि कुशाग्र होती है।

- सुंदरकांड का पाठ मन को शांति और सुकून देता है। मानसिक परेशानियों और व्याधियों से यह छुटकारा प्रदान करता है। जिन लोगों के गृह में क्लेश है, उनको इसका पाठ अवश्य करनाहै। यह नकारात्मक शक्ति को दूर करने का अचूक उपाय है। जिनको बुरे सपने आते हों, रात को अनावश्यक डर लगता हो, उनको इसके पाठ से निश्चित रूप से आराम मिलता है। इसके पाठ से परिवार में संस्कार बने रहते हैं। भूत-प्रेत की छाया भी इसके पाठ से स्वतः ही दूर हो जाती है। घर के सदस्यों की रक्षा के लिए भी सुंदरकांड का पाठ बहुत लाभकारी है।

- सुंदरकांड का पाठ कर्ज के दलदल से निकालता है। मुकदमेबाजी में उलझे व्यक्ति यदि सुंदरकांड का पाठ करते हैं, तो उन्हें विजय मिलती है। सुंदरकांड के पाठ से व्यापार में आने वाली विघ्न-बाधाएं धीरे-धीरे कम होने लगती हैं।

- सुंदरकांड का पाठ संयम के साथ दीर्घकाल तक करते रहने से उसके प्रभाव दिखाई देने लगते हैं। पाठ करते समय मन में श्रद्धा भाव रखें।
- यह कैसे होता है इसका खुलासा सबसे प्रासंगिक चौपाई और दोहों के बाद बताई गयी टिप्पणी में होगा |
- अनुवाद सावधानी से किया गया है लेकिन फिर भी सटीक अर्थ समझने के लिए पूरा वाक्य पढ़ना होगा और समझदारी से अर्थ निकालना होगा।
- यदि कोई त्रुटि पाई जाती है तो उसके लिए गहरा खेद है और अनुरोध है कि कृपया सुधार के लिए त्रुटि का स्थान बताते हुए एक मेल भेजें। पाठकों के योगदान का हृदय से स्वागत एवं सराहनीय है।

ईमेल: destinysurfers@gmail.com

Important Information about Sundarkand Paath

- The recitation of Sunderkand is capable of eliminating all types of obstacles and problems. According to astrology also Sunderkand is a sure shot solution. Its recitation is especially fruitful for those people in whose horoscope Mars is debilitated, is afflicted by malefic planets or is being tainted by them. If the strength of Mars is very weak, there is blood disorder in the person's body, there is a lot of lack of self-confidence and if Mars is very cruel, then recitation of Sunderkand gives relief. Recitation of Sunderkand in Saturn's Sadesati or Dhaiya reduces problems.

- Students get special benefits by reciting it. It increases self-confidence. Due to this, good marks are obtained in the examination and the intellect becomes sharp.

- Recitation of Sunderkand gives peace and relaxation to the mind. It provides relief from mental troubles and diseases. People who are facing troubles in their home must recite it. If the head of the house recites it daily in the house, then the atmosphere of the house remains good. This is a sure shot way to remove negative power. Those who have nightmares and feel unnecessary fear at night, they definitely get relief from its recitation. By reciting this, values are maintained in the family. Even the shadow of ghosts goes away automatically by reciting this. Recitation of Sunderkand is also very beneficial for the protection of family members.

- The lesson of Sunderkand takes one out of the quagmire of debt. If a person embroiled in litigation recites Sunderkand, he gets victory. By reciting Sunderkand, the obstacles in business gradually start reducing.

- If you continue reciting Sunderkand with patience for a long time, its effects become visible. While reciting, keep a feeling of reverence in your mind.

- How this happens will be revealed in the comment mentioned after the most relevant chaupai and dohas.

- Translations have been done carefully but still to understand the exact meaning, one has to read complete sentence and wisely conclude the meaning.

- Errors found if any are deeply regretted and it is requested to please send a mail stating the place of error for corrections. Reader's contribution is heartedly welcomed and appreciable.

E-mail: destinysurfers@gmail.com

सुंदरकांड में वर्णित संपूर्ण प्रसंग का सारांश
Summary of the entire incident described in Sunderkand

काकभुशुण्डि जी भगवान् श्री राम के एक भक्त हैं जो एक कौवे के रूप में गरुड़ जी को रामायण की कहानी सुनाते हैं। इस कहानी में वे भगवान् शिव एवं माता पार्वती जी के बीच हुए संवाद को बता रहे हैं जिसे गोस्वामी तुलसीदास जी ने लिपिबद्ध किया है।

जब रावण ने सीताजी (भगवान श्री राम की प्रिय पत्नी) का अपहरण कर लिया था, तो सुग्रीव की पूरी सेना जिसमें कई सैनिक और जाम्बवान जी, हनुमानजी, अंगद आदि जैसे शक्तिशाली योद्धा शामिल थे, उन्हें खोजने के लिए निकल पड़े।

सीताजी की खोज करते समय, हनुमानजी सीताजी के ठिकाने के बारे में संकेत मिलने के बाद जाम्बवान जी और अन्य लोगों के झुंड के साथ समुद्र तट, लंका (रावण का राज्य समुद्र के दूसरी तरफ था) पहुंचे। समुद्र को देखकर सभी दुखी हो गए क्योंकि उसे पार करने का कोई रास्ता नहीं था।

जाम्बवान जी ने हनुमानजी को प्रेरित करने के लिए उनके विशेष गुणों को याद दिलाया और हनुमानजी अपनी यात्रा के बीच सभी बाधाओं को पार करते हुए लंका पहुंचे। उन्होंने हर कोने का निरीक्षण किया और विभीषणजी (रावण के भाई) से मुलाकात की। विभीषणजी अच्छे व्यक्ति थे और उन्होंने हनुमानजी से मित्रता करके उन्हें सीताजी से मिलने की युक्तियाँ बतायीं। हनुमानजी सीताजी से मिले, उन्हें विश्वास में लिया, कई रक्षकों को मार डाला और रावण से मिलने और उसे चेतावनी देने के लिए जानबूझकर आत्मसमर्पण कर दिया। हालात तब बिगड़ गए जब रावण नहीं माना और हनुमानजी को नुकसान पहुंचाने की कोशिश की।

हनुमानजी ने लंका को नष्ट कर दिया और सीताजी को वचन दिया कि श्री रामजी शीघ्र ही उन्हें लेने के लिए पूरी सेना के साथ आएंगे, वे वहीं लौट आए जहां जाम्बवानजी और अन्य सभी लोग प्रतीक्षा कर रहे थे। यह खबर

भगवान श्रीराम तक पहुंची और वे बहुत खुश हुए और हनुमानजी के प्रति आभारी हुए।

तब विभीषणजी भी भगवान श्री राम के साथ शामिल हो गए क्योंकि उन्हें अपने राक्षसी वंश के अंत की आशंका थी।

रावण की पत्नी, उसके मंत्रियों, गुरुओं सहित सभी ने सीताजी को मुक्त करने, लौटाने की सिफारिश करने की कोशिश की। लेकिन अपनी शक्ति के अति-आत्मविश्वास में अहंकारी रावण ने एक न सुनी।

भगवान श्री राम अपनी पूरी सेना के साथ समुद्र तट पर पहुंचे और उनके सामने समस्या आई कि पूरी सेना कैसे पार करके लंका पहुंचेगी। इसके समाधान के रूप में उन्हें महासागर देवता से सुराग मिलता है।

संपूर्ण प्रकरण हनुमानजी की शक्ति, बुद्धि, विशेष गुणों, नैतिक मानसिकता की प्रशंसा करता है जिसने उन्हें एक ऐसा कार्य पूरा करने में सक्षम बनाया जो अन्यथा किसी के लिए असंभव था।

इसमें पूरी कहानी यही है।

कोई भी व्यक्ति जो परेशानी में है, किसी कठिन कार्य की तैयारी कर रहा है, भ्रमित है कि चीजें कहां गलत हैं, बुरे ग्रहों के प्रभाव में है आदि, इसमें दी गई शिक्षाओं का पालन करके सफलता प्राप्त करने के लिए जीवन रक्षक सबक के रूप में इस मार्ग को अपना सकता है।

आइये बिना समय बर्बाद किये शुरू करते हैं......

Summary of entire episode described in Sundarkand

Kakabhushundi ji is a devotee of Lord Shri Ram who narrates the story of Ramayana to Garuda ji in the form of a crow. In this story, there is a dialogue between Lord Shiva and Mother Parvati which has been transcribed by Goswami Tulsidas.

When Ravan had kidnapped Sitaji (beloved wife of Lord Shri Ram), entire army of Sugriv comprising numerous soldiers and strong warriors like Jambwan ji, Hanumanji, Angad etc set out to find her.

While searching for Sitaji; Hanumanji alongwith Jambwant ji and herds of others reached sea shore. Lanka (Ravan's kingdom) being on the other side of the sea, after getting a hint about Sitaji's whereabouts. Seeing the sea all became sad as there was no way to cross it.

Jambwant ji reminded Hanumanji of his special traits to motivate and the Hanumanji beating all odds in between his journey, reached Lanka. He inspected every nook and corner and met Vibhishanji (brother of Ravan). Vibhishanji was a good person and befriending Hanumanji, told him the tricks to meet Sitaji. Hanumanji met Sitaji, took her into confidence, killed many guards and got captured purposely (surrendered) to meet and warn Ravan. Things took bad turn when Ravan did not agree and tried to harm Hanumanji.

Hanumanji destroyed Lanka and committing Sitaji that Shri Ramji will soon come with entire army to take her, returned where Jambwan ji and all others were waiting. This news reached Lord ShriRam and he was very happy and grateful to Hanumanji.

Then Vibhishanji also joined Lord Shri Ram as he had anticipated the end of his demonic clan, now.

Everyone including Ravan's wife, his ministers, and mentors tried to recommend freeing and returning Sitaji, but egoistic Ravan in over-confidence of his power did not listen.

Lord Shri Ram with his entire army reached the sea shore and faced a problem as to how entire army will cross over and reach Lanka. He get's the clue from the Ocean God as a resolution to this.

Entire episode praises the strength, wisdom, special traits, ethical mindset of Hanumanji that enabled him to accomplish a task that was otherwise impossible for any one else.

That's the entire story in this.

Any person who is in trouble, preparing for any tough task, is confused where the things are wrong, is under bad planetary effects etc can take this paath as a life saving lesson to achieve success following the teachings in it.

Come let's start without wasting time further........

सुन्दरकाण्ड पाठ से पहले प्रार्थना

Praying before Sundarkand Paath

ॐ श्री गणेशाय नमः

किसी भी प्रकार का कार्य शुरू करने से पहले श्रीगणेश जी को हाथ जोड़कर प्रणाम करते हुए, अपने मूलाधार चक्र पर ध्यान केंद्रित करते हुए, वहां लाल पृष्ठभूमि में उनकी कल्पना करते हुए इस मंत्र से प्रार्थना अवश्य करें। आपका शुभ कार्य निश्चित रूप से पूरा होगा।

Before starting any kind of work, you must pray Shri Ganesh ji with this mantra bowing to him with folded hands, concentrating on your root chakra imagining him with a red backgroud there. Your auspicious work will definitely be accomplished.

ॐ वक्रतुण्ड महाकाय सूर्यकोटि समप्रभः ।

निर्विघ्नं कुरु मे देव सर्वकार्येषु सर्वदा ॥

ॐ घुमावदार सूंड वाले, विशाल शरीर काय, करोड़ सूर्य के समान महान प्रतिभाशाली।

मेरे प्रभु, हमेशा मेरे सारे कार्य बिना विघ्न के पूरे करें (करने की कृपा करें) ॥

OM, with a curved trunk, huge body, greatly talented like millions of suns.

My Lord, please bless and always let my all tasks complete without any hindrance.

जय श्री राम

अपने आज्ञा (तीसरी आँख) चक्र पर ध्यान केंद्रित करें और नीले रंग की पृष्ठभूमि वाले श्री राम जी की कल्पना करें। फिर निम्नलिखित मंत्र का पूरी श्रद्धा के साथ जाप करें।

Concentrate on your agya (third eye) chakra and imagine Shri Ram ji with a blue background. Then recite the following mantra with full devotion.

ॐ सर्वशक्तिमते परमात्मने श्री रामाय नमः |

ॐ सर्वशक्तिमान परमात्मा श्री रामजी को नमस्कार |

Om, Salutations to Almighty God Shri Ramji.

रघुनाथ (ईश्वर) जी की वंदना

Worship of Raghunath ji (God)

ॐ शान्तं शाश्वतमप्रमेयमनघं निर्वाणशान्तिप्रदं
ब्रह्माशम्भुफणीन्द्रसेव्यमनिशं वेदान्तवेद्यं विभुम्।

रामाख्यं जगदीश्वरं सुरगुरुं मायामनुष्यं हरिं वन्देऽहंकरुणाकरं रघुवरं भूपालचूडामणिम् ॥1॥

भावार्थ: शान्त, सनातन, अप्रमेय (प्रमाणों से परे), निष्पाप, मोक्षरूप परमशान्ति देने वाले, ब्रह्मा, शम्भु और शेषजी से निरंतर सेवित, वेदान्त के द्वारा जानने योग्य, सर्वव्यापक, देवताओं में सबसे बड़े, माया से मनुष्य रूप में दिखने वाले, समस्त पापों को हरने वाले, करुणा की खान, रघुकुल में श्रेष्ठ तथा राजाओं के शिरोमणि राम कहलाने वाले जगदीश्वर की मैं वंदना करता हूँ |

Peaceful, eternal, immeasurable (beyond proof), sinless, giver of supreme peace in the form of salvation, constantly served by Brahma, Shambhu and Sheshaji, knowable through Vedanta, omnipresent, greatest among gods, visible in human form through Maya, free from all sins. I worship Jagdishwar who is known as Ram, the one who defeats all, the mine of compassion, the best among Raghu clan and the head of kings.

रघुनाथ (ईश्वर) जी से पूर्ण भक्ति की मांग

Praying Raghunathji (God) demanding complete devotion

ॐ नान्या स्पृहा रघुपते हृदयेऽस्मदीये सत्यं वदामि च भवानखिलान्तरात्मा।

भक्तिं प्रयच्छ रघुपुंगव निर्भरां मे कामादिदोषरहितंकुरु मानसं च ॥2॥

भावार्थ: हे रघुनाथजी! मैं सत्य कहता हूँ और फिर आप सबके अंतरात्मा ही हैं (सब जानते ही हैं) कि मेरे हृदय में दूसरी कोई इच्छा नहीं है। हे रघुकुलश्रेष्ठ! मुझे अपनी निर्भरा (पूर्ण) भक्ति दीजिए और मेरे मन को काम आदि दोषों से रहित कीजिए।

Hey Raghunathji! I tell the truth and then you are everyone's conscience (everyone knows) that I have no other desire in my heart. Hey Raghukul Shrestha! Give me your dependent (complete) devotion and free my mind from vices like lust etc.

ॐ श्री हनुमते नमः

हनुमान जी (ईश्वर के परम भक्त एवं सेवक) की वंदना

Worship of Hanuman ji

(the supreme devotee and servant of God)

अतुलितबलधामं हेमशैलाभदेहं दनुजवनकृशानुं ज्ञानिनामग्रगण्यम्।

सकलगुणनिधानं वानराणामधीशं रघुपतिप्रियभक्तंवातजातं नमामि ॥3॥

भावार्थ: अतुल बल के धाम, सोने के पर्वत (सुमेरु) के समान कान्तियुक्त शरीर वाले, दैत्य रूपी वन (को ध्वंस करने) के लिए अग्नि रूप, ज्ञानियों में अग्रगण्य, संपूर्ण गुणों के निधान, वानरों के स्वामी, श्री रघुनाथजी के प्रिय भक्त पवनपुत्र श्री हनुमान् जी को मैं प्रणाम करता हूँ।

Abode of immense power, having a body as bright as a mountain of gold (Sumeru), having the form of fire to destroy the demon-like forest, foremost among the wise, possessing all the virtues, master of the monkeys, beloved devotee of Shri Raghunathji, son of Pawan. I salute Hanuman ji.

सुन्दरकाण्ड प्रारम्भ
Sundarkand starts

चौपाई : 1

जामवंत के बचन सुहाए। सुनि हनुमंत हृदय अति भाए॥
तब लगि मोहि परिखेहु तुम्ह भाई। सहि दुख कंद मूल फल खाई॥1॥

जब लगि आवौं सीतहि देखी। होइहि काजु मोहि हरष बिसेषी॥
यह कहि नाइ सबन्हि कहुँ माथा। चलेउ हरषि हियँ धरि रघुनाथा॥2॥

सिंधु तीर एक भूधर सुंदर। कौतुक कूदि चढ़ेउ ता ऊपर॥
बार-बार रघुबीर सँभारी। तरकेउ पवनतनय बल भारी॥3॥

जेहिं गिरि चरन देइ हनुमंता। चलेउ सो गा पाताल तुरंता॥
जिमि अमोघ रघुपति कर बाना। एही भाँति चलेउ हनुमाना॥4॥

जलनिधि रघुपति दूत बिचारी। तैं मैनाक होहि श्रम हारी॥5॥

अर्थ:- जाम्बवान के सुंदर वचन सुनकर हनुमानजी के हृदय को बहुत ही भाए। (वे बोले-) हे भाई! तुम लोग दुःख सहकर, कन्द-मूल-फल खाकर तब तक मेरी राह देखना॥1॥

जब तक मैं सीताजी को देखकर (लौट) न आऊँ। काम अवश्य होगा, क्योंकि मुझे बहुत ही हर्ष हो रहा है। यह कहकर और सबको मस्तक नवाकर तथा हृदय में श्री रघुनाथजी को धारण करके हनुमान्जी हर्षित होकर चले॥2॥

समुद्र के तीर पर एक सुंदर पर्वत था। हनुमानजी खेल से ही (अनायास ही) कूदकर उसके ऊपर जा चढ़े और बार-बार श्री रघुवीर का स्मरण करके अत्यंत बलवान हनुमानजी उस पर से बड़े वेग से उछले॥3॥

जिस पर्वत पर हनुमान्जी पैर रखकर चले (जिस पर से वे उछले), वह तुरंत ही पाताल में धंस गया। जैसे श्री रघुनाथजी का अमोघ बाण चलता है, उसी तरह हनुमान्जी चले॥4॥

समुद्र ने उन्हें श्री रघुनाथजी का दूत समझकर मैनाक पर्वत से कहा कि हे मैनाक! तू इनकी थकावट दूर करने वाला हो (अर्थात् अपने ऊपर इन्हें विश्राम दे) ॥5॥

Hanumanji felt very happy after hearing the beautiful words of Jambavan. (He said-) Hey brother! You people, bear the sorrow and eat tubers, roots and fruits and wait for me ||1||

Until I return after seeing Sitaji. The work will definitely get done, because I am very happy. Saying this and bowing to everyone and keeping Shri Raghunathji in his heart, Hanumanji walked away happily.||2||

There was a beautiful mountain on the edge of the sea. Hanumanji playfully (spontaneously) jumped on it and remembering Shri Raghuveer again and again, the extremely strong Hanumanji jumped on it with great speed.||3||

The mountain on which Hanumanji walked with his feet (from which he jumped), He immediately sank into hell. Just as Shri Raghunathji's infallible arrow moves, so should Hanumanji move.||4||

The ocean considered him to be the messenger of Shri Raghunathji and said to the mountain Mainak, O Mainak! You are the one who removes their tiredness (i.e. gives them rest on yourself).||5||

टिप्पणी: जो व्यक्ति किसी उद्देश्य पर निकलता है या जो किसी प्रयास में सफल होना चाहता है, उसे विशेषज्ञों के दिशानिर्देशों का पालन करना चाहिए, अनुभवी, बुद्धिमान लोगों की संगति में रहना चाहिए जो आत्मविश्वास बढ़ाने और आपमें सर्वश्रेष्ठ लाने के लिए सही तरीके से प्रेरित करते हैं। समय-समय पर आपको आपकी क्षमताओं के बारे में याद दिलाते रहते हैं । चाहे कुछ भी हो, बिना किसी आराम या आशंका के, स्वयं और ईश्वर पर पूर्ण विश्वास के साथ, व्यक्ति को लक्ष्य की ओर बढ़ना चाहिए। उसे हमेशा खुश रहना चाहिए और किसी भी प्रकार की नकारात्मकता से बचते हुए

आशावादी रहना चाहिए। एक बार जब कोई व्यक्ति तैयार, प्रतिबद्ध, समर्पित और दृढ़ इच्छाशक्ति वाला हो जाता है, तो सफलता सुनिश्चित हो जाती है क्योंकि ब्रह्मांड की सभी ऊर्जाएं इसे पूरा करने के लिए जुट जाती हैं।

Comment: A person who sets out on a mission or who wants to be successful in any endevour must follow the guidelines of experts, should be in the company of experienced, wise people who motivate in the right manner to enhance confidence and bring out the best in you, reminding you about your capabilities from time to time. Whatever it takes, without any rest or apprehension, with full faith in self and almighty, the person should move towards aim. He should always feel happy and be optimistic avoiding any sort of negativity. Once a person is ready, committed, dedicated and iron willed, success is assured as all the energies of the universe align to make it happen.

दोहा : 1

हनूमान तेहि परसा कर पुनि कीन्ह प्रनाम।
राम काजु कीन्हें बिनु मोहि कहाँ बिश्राम॥1॥

अर्थः- हनुमान जी ने उसे हाथ से छू दिया, फिर प्रणाम करके कहा- भाई! श्री रामचंद्रजी का काम किए बिना मुझे विश्राम कहाँ ॥1॥

Hanuman ji touched him with his hand, then saluted him and said – Brother! How can I rest without doing the work of Shri Ramchandraji II1 II

टिप्पणी: व्यक्ति को अपने लक्ष्य पर ध्यान केंद्रित करना चाहिए और उसके हासिल होने तक कभी नहीं रुकना चाहिए।

Comment: The person should concentrate on his aim and never stop till it is achieved.

चौपाई : 2

जात पवनसुत देवन्ह देखा। जानैं कहुँ बल बुद्धि बिसेषा॥
सुरसा नाम अहिन्ह कै माता। पठइन्हि आइ कही तेहिं बाता॥1॥

आजु सुरन्ह मोहि दीन्ह अहारा। सुनत बचन कह पवनकुमारा॥
राम काजु करि फिरि मैं आवौं। सीता कइ सुधि प्रभुहि सुनावौं॥2॥

तब तव बदन पैठिहउँ आई। सत्य कहउँ मोहि जान दे माई॥
कवनेहुँ जतन देइ नहिं जाना। ग्रससि न मोहि कहेउ हनुमाना॥3॥

जोजन भरि तेहिं बदनु पसारा। कपि तनु कीन्ह दुगुन बिस्तारा॥
सोरह जोजन मुख तेहिं ठयऊ। तुरत पवनसुत बत्तिस भयऊ॥4॥

जस जस सुरसा बदनु बढ़ावा। तासु दून कपि रूप देखावा॥
सत जोजन तेहिं आनन कीन्हा। अति लघु रूप पवनसुत लीन्हा॥5॥

बदन पइठि पुनि बाहेर आवा। मागा बिदा ताहि सिरु नावा॥
मोहि सुरन्ह जेहि लागि पठावा। बुधि बल मरमु तोर मैं पावा॥6॥

अर्थ:- देवताओं ने पवनपुत्र हनुमान्जी को जाते हुए देखा. उनकी विशेष बल-बुद्धि को जानने के लिए (परीक्षार्थ) उन्होंने सुरसा नामक सर्पों की माता को भेजा, उसने आकर हनुमान जी से यह बात कही-॥1॥

आज देवताओं ने मुझे भोजन दिया है। यह वचन सुनकर पवनकुमार हनुमान्जी ने कहा- श्री रामजी का कार्य करके मैं लौट आऊँ और सीताजी की खबर प्रभु को सुना दूँ॥ 2॥

तब मैं आकर तुम्हारे मुँह में घुस जाऊँगा (तुम मुझे खा लेना) । हे माता! मैं सत्य कहता हूँ, अभी मुझे जाने दे | जब किसी भी उपाय से उसने जाने नहीं दिया, तब हनुमान्जी ने कहा- तो फिर मुझे खा ले॥3॥

उसने योजनभर (चार कोस में) मुँह फैलाया। तब हनुमान्जी ने अपने शरीर को उससे दूना बढ़ा लिया | उसने सोलह योजन का मुख किया | हनुमान जी तुरंत ही बत्तीस योजन के हो गए॥4॥

जैसे-जैसे सुरसा मुख का विस्तार बढ़ाती थी, हनुमानजी उसका दूना रूप दिखलाते थे। उसने सौ योजन (चार सौ कोस का) मुख किया तब हनुमानजी ने बहुत ही छोटा रूप धारण कर लिया॥5॥

और उसके मुख में घुसकर (तुरंत) फिर बाहर निकल आए और उसे सिर नवाकर विदा माँगने लगे। (सुरसा ने कहा-) मैंने तुम्हारे बुद्धि-बल का भेद पा लिया, जिसके लिए देवताओं ने मुझे भेजा था॥6॥

The gods saw Hanumanji, son of Pawan, going. To test his special strength and intelligence, gods sent the mother of snakes named Surasa; she came and said this to Hanuman ji ||1||

Today the gods have given me food. Hearing this word, Pawankumar Hanumanji said - Let me return after completing the work of Shri Ramji and tell the news of Sitaji to the Lord. ||2||

Then I will come and enter your mouth (you eat me). Hey mother! I tell the truth, let me go right now. When she did not let him go by any means, then Hanumanji said - Then eat me. ||3||

She spread her mouth as far as a yojana (in four Kos). Then Hanumanji increased his body twice as much. She spread her face to sixteen yojanas. Hanuman ji immediately became thirty-two yojanas long. ||4||

As Sursa increased the size of her mouth, Hanuman ji used to show her double form. She spread her face a hundred yojanas (four hundred Kos). ||5||

Then Hanumanji assumed a very small form and after entering her mouth (immediately) came out and bowed his head to her and bid farewell. (She said-) I have discovered the secret of your intellectual power, for which the gods had sent me. ||6||

टिप्पणी: व्यक्ति को अपनी सभी क्षमताओं, आत्मविश्वास, बुद्धि के साथ चुनौतियों और बाधाओं का सामना करने के लिए मानसिक, शारीरिक रूप से तैयार रहना चाहिए | इसे अपने लक्ष्य के प्रति समर्पण और प्रतिबद्धता की परीक्षा के रूप में लेना चाहिए। यह व्यक्ति को अधिक मजबूत, आत्मविश्वासी, अनुभवी और बुद्धिमान बनाता है।

Comment: The person should be mentally, physically prepared to face challenges and obstacles with all his capabilities, confidence, wit & wisdom. He should take it as a test of his dedication and commitment towards aim. This makes a person more strong, confident, experienced and wise.

दोहा : 2

राम काजु सबु करिहहु तुम्ह बल बुद्धि निधान।
आसिष देइ गई सो हरषि चलेउ हनुमान॥

अर्थ:- तुम श्री रामचंद्रजी का सब कार्य करोगे, क्योंकि तुम बल-बुद्धि के भंडार है. यह आशीर्वाद देकर वह चली गई, तब हनुमान्जी हर्षित होकर चले॥2॥

You will do all the work of Shri Ramchandraji, because you are a storehouse of strength and intelligence. After giving this blessing she went away, then Hanumanji went away happily.||2 ||

टिप्पणी: प्रतिकूलताएं एक प्रतिबद्ध व्यक्ति के लिए छुपे हुए आशीर्वाद बन जाती हैं और आगे की यात्रा के लिए उसकी क्षमता में शक्ति जोड़ती हैं।

Comment: Adversities become a blessing in disguise for a committed person and add power to his caliber for the journey ahead.

चौपाई : 3

निसिचरि एक सिंधु महुँ रहई। करि माया नभु के खग गहई॥
जीव जंतु जे गगन उड़ाहीं। जल बिलोकि तिन्ह कै परिछाहीं॥1॥

गहइ छाहँ सक सो न उड़ाई। एहि बिधि सदा गगनचर खाई॥
सोइ छल हनूमान्‌ कहँ कीन्हा। तासु कपटु कपि तुरतहिं चीन्हा॥2॥

ताहि मारि मारुतसुत बीरा। बारिधि पार गयउ मतिधीरा॥
तहाँ जाइ देखी बन सोभा। गुंजत चंचरीक मधु लोभा॥3॥

नाना तरु फल फूल सुहाए। खग मृग बृंद देखि मन भाए॥
सैल बिसाल देखि एक आगें। ता पर धाइ चढ़ेउ भय त्यागें॥4॥

उमा न कछु कपि कै अधिकाई। प्रभु प्रताप जो कालहि खाई॥
गिरि पर चढ़ि लंका तेहिं देखी। कहि न जाइ अति दुर्ग बिसेषी॥5॥

अति उतंग जलनिधि चहुँ पासा। कनक कोट कर परम प्रकासा॥6॥

अर्थ:-समुद्र में एक राक्षसी रहती थी | वह माया करके आकाश में उड़ते हुए पक्षियों को पकड़ लेती थी. आकाश में जो जीव-जंतु उड़ा करते थे, वह जल में उनकी परछाईं देखकर॥1॥

उस परछाईं को पकड़ लेती थी, जिससे वे उड़ नहीं सकते थे (और जल में गिर पड़ते थे) इस प्रकार वह सदा आकाश में उड़ने वाले जीवों को खाया करती थी। उसने वही छल हनुमान्‌जी से भी किया। हनुमान्‌जी ने तुरंत ही उसका कपट पहचान लिया।।2॥

पवनपुत्र धीरबुद्धि वीर श्री हनुमानजी उसको मारकर समुद्र के पार गए | वहाँ जाकर उन्होंने वन की शोभा देखी। मधु (पुष्प रस) के लोभ से भौंरे गुंजार कर रहे थे॥3॥

अनेकों प्रकार के वृक्ष फल-फूल से शोभित हैं। पक्षी और पशुओं के समूह को देखकर तो वे मन में (बहुत ही) प्रसन्न हुए। सामने एक विशाल पर्वत देखकर हनुमान्‌जी भय त्यागकर उस पर दौड़कर जा चढ़े॥4॥

(शिवजी कहते हैं-) हे उमा! इसमें वानर हनुमान् की कुछ बड़ाई नहीं है | यह प्रभु का प्रताप है जो काल को भी खा जाता है | पर्वत पर चढ़कर उन्होंने लंका देखी | बहुत ही बड़ा किला है, कुछ कहा नहीं जाता॥5॥

वह अत्यंत ऊँचा है | उसके चारों ओर समुद्र है | सोने के परकोटे (चहारदीवारी) का परम प्रकाश हो रहा है॥6॥

There lived a demon in the sea. She used to catch the birds flying in the sky through illusion seeing the shadow of creatures flying in the sky. ||1||

She used to catch that shadow due to which they could not fly (and would fall into the water). This way, she would always catch the creatures flying in the sky and used to eat. She played the same trick with Hanumanji also. Hanumanji immediately recognized her deceit. ||2||

The brave Shri Hanuman, son of Pawan, killed her and crossed the sea. Reaching there he saw the beauty of the forest. Bumblebees were buzzing with greed for honey (flower nectar). ||3 II

Many types of trees are adorned with fruits and flowers. Seeing the group of birds and animals, he felt very happy. Seeing a huge mountain in front, Hanumanji gave up his fear and ran towards it. ||4||

(Shivji says -) O Uma! There is no glory for the monkey Hanuman in this. This is the glory of God, which eats away even bad time. After climbing the mountain, he saw Lanka. It is a very big fort; nothing can be said about it.||5 II

It is very high; there is sea all around it. The golden wall shining is becoming the ultimate source of light. II6 II

टिप्पणी: व्यक्ति के रास्ते में छुपे हुए धोखे, नकारात्मकताएं, दबाव, शत्रु होंगे लेकिन बुद्धि और ज्ञान का उपयोग करके उन्हें संभालना और उनके प्रभाव के आगे न झुकना मंजिल की ओर मार्ग प्रशस्त करेगा।

Comment: There will be hidden deceits, negativities, pressures, enemies in the person's path but handling them using wit and wisdom and not succumbing to their effect will pave the path towards destination.

छंद : 1

कनक कोटि बिचित्र मनि कृत सुंदरायतना घना।
चउहट्ट हट्ट सुबट्ट बीथीं चारु पुर बहु बिधि बना॥
गज बाजि खच्चर निकर पदचर रथ बरूथन्हि को गनै।
बहुरूप निसिचर जूथ अतिबल सेन बरनत नहिं बनै॥1॥

बन बाग उपबन बाटिका सर कूप बापीं सोहहीं।
नर नाग सुर गंधर्ब कन्या रूप मुनि मन मोहहीं॥
कहुँ माल देह बिसाल सैल समान अतिबल गर्जहीं।
नाना अखारेन्ह भिरहिं बहुबिधि एक एकन्ह तर्जहीं॥2॥

करि जतन भट कोटिन्ह बिकट तन नगर चहुँ दिसि रच्छहीं।
कहुँ महिष मानुष धेनु खर अज खल निसाचर भच्छहीं॥
एहि लागि तुलसीदास इन्ह की कथा कछु एक है कही।
रघुबीर सर तीरथ सरीरन्हि त्यागि गति पैहहिं सही॥3॥

अर्थ:-विचित्र मणियों से जड़ा हुआ सोने का परकोटा है, उसके अंदर बहुत से सुंदर-सुंदर घर हैं। चौराहे, बाजार, सुंदर मार्ग और गलियाँ हैं, सुंदर नगर बहुत प्रकार से सजा हुआ है। हाथी, घोड़े, खच्चरों के समूह तथा पैदल और रथों के समूहों को कौन गिन सकता है! अनेक रूपों के राक्षसों के दल हैं, उनकी अत्यंत बलवती सेना वर्णन करते नहीं बनती॥1॥

वन, बाग, उपवन (बगीचे), फुलवाड़ी, तालाब, कुएँ और बावलियाँ सुशोभित हैं। मनुष्य, नाग, देवताओं और गंधर्वों की कन्याएँ अपने सौंदर्य से मुनियों के भी मन को मोहे लेती हैं। कहीं पर्वत के समान विशाल शरीर वाले

बड़े ही बलवान (पहलवान) गरज रहे हैं| वे अनेकों अखाड़ों में बहुत प्रकार से भिड़ते और एक-दूसरे को ललकारते हैं॥2॥

भयंकर शरीर वाले करोड़ों योद्धा यत्न करके (बड़ी सावधानी से) नगर की चारों दिशाओं में (सब ओर से) रखवाली करते हैं | कहीं दुष्ट राक्षस भैंसों, मनुष्यों, गायों, गदहों और बकरों को खा रहे हैं | तुलसीदास ने इनकी कथा इसीलिए कुछ थोड़ी सी कही है क्योंकि ये निश्चित ही श्री रामचंद्रजी के बाण रूपी तीर्थ में शरीरों को त्यागकर परमगति पावेंगे॥3॥

There is a golden wall studded with strange gems, inside which there are many beautiful houses. There are intersections, markets, beautiful roads and streets; the beautiful city is decorated in many ways. No one can count the elephants, the horses, the groups of mules and the groups on foot and chariots. There are groups of demons of many forms; their extremely powerful army is beyond description. ||1 ll

Forests, orchards, gardens, flower gardens, ponds, wells and stepwells are beautified. The daughters of humans, snakes, gods and Gandharvas captivate the minds of even sages with their beauty. At a place, very strong wrestlers with bodies as huge as mountains are roaring. They fight in various arenas and challenge each other in many ways. ||2 ll

Crores of warriors with fierce body guard the city with great care in all four directions. Somewhere evil demons are eating buffaloes, humans, cows, donkeys and goats. Tulsidas has told a little about their story because they will definitely attain supreme bliss by leaving their bodies in the pilgrimage of Shri Ramchandraji in the form of his arrow. ||3 ll

टिप्पणी: अपने लक्ष्य पर केंद्रित व्यक्ति कभी भी अल्पकालिक लाभ, सफलता के शॉर्टकट और भौतिकवादी छद्मवेशों से विचलित नहीं होता, अपने लक्ष्य के तरफ केंद्रित होकर संतुलित रहते हैं |

Comment: A person focused on his aim never gets distracted with short term benefits, shortcuts to success and materialistic disguises, remains balanced focussing towards his aim.

दोहा- 3
पुर रखवारे देखि बहु कपि मन कीन्ह बिचार।
अति लघु रूप धरों निसि नगर करौं पइसार॥

अर्थ:- नगर के बहुसंख्यक रखवालों को देखकर हनुमान्जी ने मन में विचार किया कि अत्यंत छोटा रूप धरूँ और रात के समय नगर में प्रवेश करूँ॥3॥

Seeing the majority of guards of the city, Hanumanji thought in his mind that he should take a very small form and enter the city at night. ॥3॥

टिप्पणी: सुनियोजित, सही समय पर परिकलित निर्णय किसी भी उद्देश्य में महत्वपूर्ण भूमिका निभाते हैं।

Comment: Well planned, right timed calculated decisions play a key role in any mission.

चौपाई : 4
मसक समान रूप कपि धरी। लंकहि चलेउ सुमिरि नरहरी॥
नाम लंकिनी एक निसिचरी। सो कह चलेसि मोहि निंदरी॥1॥

जानेहि नहीं मरमु सठ मोरा। मोर अहार जहाँ लगि चोरा॥
मुठिका एक महा कपि हनी। रुधिर बमत धरनीं ढनमनी॥2॥

पुनि संभारि उठी सो लंका। जोरि पानि कर बिनय ससंका॥
जब रावनहि ब्रह्म बर दीन्हा। चलत बिरंच कहा मोहि चीन्हा॥3॥

बिकल होसि तैं कपि कें मारे। तब जानेसु निसिचर संघारे॥
तात मोर अति पुन्य बहूता। देखेउँ नयन राम कर दूता॥4॥

अर्थ:- हनुमानजी मच्छर के समान (छोटा सा) रूप धारण कर नर रूप से लीला करने वाले भगवान् श्री रामचंद्रजी का स्मरण करके लंका को चले

(लंका के द्वार पर) लंकिनी नाम की एक राक्षसी रहती थी। वह बोली- मेरा निरादर करके (बिना मुझसे पूछे) कहाँ चला जा रहा है? ॥1॥

हे मूर्ख! तूने मेरा भेद नहीं जाना जहाँ तक (जितने) चोर हैं, वे सब मेरे आहार हैं। महाकपि हनुमान्जी ने उसे एक घूँसा मारा, जिससे वह खून की उलटी करती हुई पृथ्वी पर लुढक पड़ी॥2॥

वह लंकिनी फिर अपने को संभालकर उठी और डर के मारे हाथ जोड़कर विनती करने लगी। (वह बोली-) रावण को जब ब्रह्माजी ने वर दिया था, तब चलते समय उन्होंने मुझे राक्षसों के विनाश की यह पहचान बता दी थी कि-॥3॥

जब तू बंदर के मारने से व्याकुल हो जाए, तब तू राक्षसों का संहार हुआ जान लेना। हे तात! मेरे बड़े पुण्य हैं, जो मैं श्री रामचंद्रजी के दूत (आप) को नेत्रों से देख पाई॥4॥

Hanumanji took the form of a mosquito (small) and went to Lanka remembering Lord Shri Ramchandraji who is present in the male form. (At the gate of Lanka) there lived a demon named Lankini. She said- Where are you going after disrespecting me (without asking me)? ||1||

O fool! You did not know my secret, as far as thieves are concerned, they are all my food. Mahakapi Hanumanji hit her with a punch, due to which she fell down on the earth vomiting blood. ||2||

Lankini then controlled herself and got up, started pleading with folded hands in fear. (She said-) When Brahmaji had given a boon to Ravana, while leaving, he had told me this sign of destruction of demons - ||3||

(She said) When you become distressed being beaten by the monkey, then you take this sign as all demons will be destroyed now. Dear, Oh respected one! It is my great virtue that I was able to see the messenger (you) of Shri Ramchandraji with my eyes. ||4||

टिप्पणी: व्यक्ति को किसी भी बाधा या छुपे हुए दुश्मन पर काबू पाने के लिए उचित समय पर अपनी शक्ति का प्रदर्शन या उपयोग करना चाहिए। उसे अपनी क्षमता का सही उपयोग करना चाहिए, पहली बार में, समय पर और हर बार।

Comment: A person should display or use his power at the appropriate time to over power any obstacle or enemy in disguise. He should use his capability correctly, right in first time, on time and every time.

दोहा : 4
तात स्वर्ग अपबर्ग सुख धरिअ तुला एक अंग।
तूल न ताहि सकल मिलि जो सुख लव सतसंग॥

अर्थ:- हे तात! स्वर्ग और मोक्ष के सब सुखों को तराजू के एक पलड़े में रखा जाए, तो भी वे सब मिलकर (दूसरे पलड़े पर रखे हुए) उस सुख के बराबर नहीं हो सकते, जो लव (क्षण) मात्र के सत्संग से होता है॥4॥

Oh father! Even if all the pleasures of heaven and salvation are kept in one of the scales, all of them together (kept on the other scale) cannot be equal to the happiness that comes from a moment of satsang.

टिप्पणी: सांसारिक सुखों में जीवन बर्बाद करने की बजाय बुद्धिमान और अच्छे लोगों की संगति में समय बिताना हमेशा बेहतर होता है। अर्थात समय का रचनात्मक उपयोग करना चाहिए।

Comment: Spending time in the company of wise and good people is always better instead of wasting life in worldy pleasures. Means time should be utilized in constructively.

चौपाई : 5

प्रबिसि नगर कीजे सब काजा। हृदयँ राखि कोसलपुर राजा॥
गरल सुधा रिपु करहिं मिताई। गोपद सिंधु अनल सितलाई॥1॥

गरुड़ सुमेरु रेनु सम ताही। राम कृपा करि चितवा जाही॥
अति लघु रूप धरेउ हनुमाना। पैठा नगर सुमिरि भगवाना॥2॥

मंदिर मंदिर प्रति करि सोधा। देखे जहँ तहँ अगनित जोधा॥
गयउ दसानन मंदिर माहीं। अति बिचित्र कहि जात सो नाहीं॥3॥

सयन किएँ देखा कपि तेही। मंदिर महुँ न दीखि बैदेही॥
भवन एक पुनि दीख सुहावा। हरि मंदिर तहँ भिन्न बनावा॥4॥

अर्थ:- (लंकिनी ने हनुमानजी से विनती की) अयोध्यापुरी के राजा श्री रघुनाथजी को हृदय में रखते हुए नगर में प्रवेश करके सब काम कीजिए। उसके लिए विष अमृत हो जाता है, शत्रु मित्रता करने लगते हैं, समुद्र गाय के खुर के बराबर हो जाता है, अग्नि में शीतलता आ जाती है॥1॥

और हे गरुड़जी! (काकभुशुण्डि जी यह कथा गरुड़ जी को सुना रहे हैं) सुमेरु पर्वत उसके लिए रज के समान हो जाता है, जिसे श्री रामचंद्रजी ने एक बार कृपा करके देख लिया। तब हनुमान्जी ने बहुत ही छोटा रूप धारण किया और भगवान् का स्मरण करके नगर में प्रवेश किया॥2॥

उन्होंने एक-एक (प्रत्येक) महल की खोज की। जहाँ-तहाँ असंख्य योद्धा देखे। फिर वे रावण के महल में गए। वह अत्यंत विचित्र था, जिसका वर्णन नहीं हो सकता॥3॥

हनुमान्जी ने उस (रावण) को शयन किए देखा, परंतु महल में जानकीजी नहीं दिखाई दीं। फिर एक सुंदर महल दिखाई दिया। वहाँ (उसमें) भगवान् का एक अलग मंदिर बना हुआ था॥4॥

(Lankini requested Hanumanji) Enter the city and do all the work keeping King Shri Raghunathji of Ayodhyapuri in your heart. For Poison becomes nectar, enemies become friends, the ocean becomes equal to a cow's hoof, fire becomes cool. ||1||

And oh Garudji! (Kakbhushundi ji is narrating this story to Garuda ji) Sumeru Parvat becomes like gold for him, whom Shri Ramchandraji once see by his grace. Then Hanumanji in a very small form entered the city remembering God. ||2||

He searched each and every palace. Saw countless warriors everywhere. Then he went to Ravana's palace. It was very strange, which cannot be described. ||3 ll

Hanuman ji saw him (Ravana) sleeping, but Janaki ji was not seen in the palace. Then a beautiful palace appeared. There was a separate temple of God built there.||4 ll

टिप्पणी: व्यक्ति को सकारात्मक मानसिकता, स्वयं पर विश्वास और ईश्वर पर विश्वास के साथ अपने लक्ष्य की ओर आगे बढ़ना चाहिए। ऐसी मानसिकता असंभव को भी 'मैं संभव हूं' कहना सुनिश्चित करती है। यदि भगवान आपकी नाव में है तो इसका मतलब यह नहीं है कि आपको किसी तूफान का सामना नहीं करना पड़ेगा, बल्कि यह सुनिश्चित करता है कि कोई भी तूफान आपकी नाव को डुबा नहीं सकता।

Comment: The person should proceed for his aim with a positive mindset, belief in self and faith in almighty. Such a mindset ensures even the Impossible to say "I M Possible". If god is in your boat it doesn't mean that you will not face any storm, rather it ensures that no storm can sink your boat.

दोहा : 5

रामायुध अंकित गृह सोभा बरनि न जाइ।
नव तुलसिका बृंद तहँ देखि हरष कपिराई॥

अर्थः- वह महल श्री रामजी के आयुध (धनुष-बाण) के चिह्नों से अंकित था, उसकी शोभा वर्णन नहीं की जा सकती। वहाँ नवीन-नवीन तुलसी के वृक्ष-समूहों को देखकर कपिराज श्री हनुमान्जी हर्षित हुए॥5॥

That palace was marked with the symbols of Shri Ramji's weapons (bow and arrow), its beauty cannot be described. Seeing the clusters of new Tulsi (Holy Basil) trees there, King Shri Hanumanji became happy.

टिप्पणी: व्यक्ति को हर पहलू पर बारीकी से गौर करना चाहिए और फिर निष्कर्ष निकालना चाहिए। उसे शुभ संकेतों, संभावनाओं और लोगों का लेखा-जोखा रखना चाहिए।

Comment: A person should notice every aspect minutely and conclude further. He should keep an account of good signs, chances and people

चौपाई : 6

लंका निसिचर निकर निवासा। इहाँ कहाँ सज्जन कर बासा॥
मन महुँ तरक करैं कपि लागा। तेहीं समय बिभीषनु जागा॥1॥

राम राम तेहिं सुमिरन कीन्हा। हृदयँ हरष कपि सज्जन चीन्हा॥
एहि सन सठि करिहउँ पहिचानी। साधु ते होइ न कारज हानी॥2॥

बिप्र रूप धरि बचन सुनाए। सुनत बिभीषन उठि तहँ आए॥
करि प्रनाम पूँछी कुसलाई। बिप्र कहहु निज कथा बुझाई॥3॥

की तुम्ह हरि दासन्ह महँ कोई। मोरें हृदय प्रीति अति होई॥
की तुम्ह रामु दीन अनुरागी। आयहु मोहि करन बड़भागी॥4॥

अर्थ:- लंका तो राक्षसों के समूह का निवास स्थान है। यहाँ सज्जन (साधु पुरुष) का निवास कहाँ? हनुमानजी मन में इस प्रकार तर्क करने लगे। उसी समय विभीषणजी जागे॥1॥

उन्होंने (विभीषण ने) राम नाम का स्मरण (उच्चारण) किया। हनमान्जी ने उन्हें सज्जन जाना और हृदय में हर्षित हुए। (हनुमानजी ने विचार किया कि) इनसे हठ करके (अपनी ओर से ही) परिचय करूँगा, क्योंकि साधु से कार्य की हानि नहीं होती। (प्रत्युत लाभ ही होता है) ॥2॥

ब्राह्मण का रूप धरकर हनुमान्जी ने उन्हें वचन सुनाए (पुकारा) । सुनते ही विभीषणजी उठकर वहाँ आए। प्रणाम करके कुशल पूछी (और विभीषण ने कहा कि) हे ब्राह्मणदेव! अपनी कथा समझाकर कहिए॥3॥

क्या आप हरिभक्तों में से कोई हैं? क्योंकि आपको देखकर मेरे हृदय में अत्यंत प्रेम उमड़ रहा है। अथवा क्या आप दीनों से प्रेम करने वाले स्वयं श्री

रामजी ही हैं जो मुझे बड़भागी बनाने (घर-बैठे दर्शन देकर कृतार्थ करने) आए हैं? ॥4॥

Lanka is the abode of a group of demons. Why is the residence of a gentleman (sacred man) here? Hanumanji started reasoning in his mind like this. At the same time Vibhishanji woke up. ||1||

He (Vibhishan) chanted (pronounced) the name of Ram. Hanumanji considered him a gentleman and was happy in his heart. (Hanumanji thought that) I will stubbornly introduce him (on my own behalf), because there is no harm in meeting a sage in any way. (There is only benefit in return) ll2 ll

Taking the form of a Brahmin, Hanumanji recited (called out) the words to him. As soon as Vibhishanji heard this, he got up and came there. After paying obeisance, (and Vibhishanji said) O Brahmandev! Explain your story. ll3 ll

Are you one of the devotees of Hari? Because seeing you, my heart is overflowing with immense love. Or are you Shri Ramji himself, who loves the unfortunate, who has come to make me fortunate (to do good by giving darshan at home)? ll4 ll

टिप्पणी: व्यक्ति को सभी पहलुओं का ध्यानपूर्वक विश्लेषण करना चाहिए और अपने मार्ग में अनुकूलता और प्रतिकूलता की पहचान करनी चाहिए। उसे यह जानने के लिए एक अच्छा श्रोता होना चाहिए कि दूसरे क्या कह रहे हैं ताकि वह यह निर्णय कर सके कि कौन साथी बनने लायक है और किसे नजरअंदाज करने की जरूरत है। अर्थात व्यक्ति को चुपचाप निर्णय करना चाहिए।

Comment: The person must analyse all the aspects attentively and identify the favourables and unfavourables in his path. He must be a good listener to know what others are saying to judge who is worth being a companion and who needs to be ignored. Means the person should quietly judge.

दोहा : 6

तब हनुमंत कही सब राम कथा निज नाम।
सुनत जुगल तन पुलक मन मगन सुमिरि गुन ग्राम॥

अर्थ:- तब हनुमानजी ने श्री रामचंद्रजी की सारी कथा कहकर अपना नाम बताया। सुनते ही दोनों के शरीर पुलकित हो गए और श्री रामजी के गुण समूहों का स्मरण करके दोनों के मन (प्रेम और आनंद में) मग्न हो गए॥6॥

Then Hanumanji told his name after telling the whole story of Shri Ramchandraji. On hearing this, both of their bodies became thrilled and remembering the qualities of Shri Ramji, both of their minds became engrossed in love and joy.

टिप्पणी: एक बार जब कोई व्यक्ति यह परीक्षण कर ले कि साथी सही और योग्य है, तो योजना और उद्देश्य साझा किया जाना चाहिए। अन्यथा योजना और लक्ष्य उसके प्राप्त होने तक गुप्त ही रहना चाहिए।

Comment: Once a person has tested that the companion is right and eligible, the plan and aim should be shared. Else the plan and aim should remain a secret till it's achieved.

चौपाई : 7

सुनहु पवनसुत रहनि हमारी। जिमि दसनन्हि महुँ जीभ बिचारी॥
तात कबहुँ मोहि जानि अनाथा। करिहहिं कृपा भानुकुल नाथा॥1॥

तामस तनु कछु साधन नाहीं। प्रीत न पद सरोज मन माहीं॥

अब मोहि भा भरोस हनुमंता। बिनु हरिकृपा मिलहिं नहिं संता॥2॥

जौं रघुबीर अनुग्रह कीन्हा। तौ तुम्ह मोहि दरसु हठि दीन्हा॥
सुनहु बिभीषन प्रभु कै रीती। करहिं सदा सेवक पर प्रीति॥3॥

कहहु कवन मैं परम कुलीना। कपि चंचल सबहीं बिधि हीना॥
प्रात लेइ जो नाम हमारा। तेहि दिन ताहि न मिलै अहारा॥4॥

अर्थ:- (विभीषणजी ने कहा-) हे पवनपुत्र ! मेरी रहनी सुनो। मैं यहाँ वैसे ही रहता हूँ जैसे दाँतों के बीच में बेचारी जीभ। हे तात! मुझे अनाथ जानकर सूर्यकुल के नाथ श्री रामचंद्रजी क्या कभी मुझ पर कृपा करेंगे? ॥1॥ मेरा तामसी (राक्षस) शरीर होने से साधन तो कुछ बनता नहीं और न मन में श्री रामचंद्रजी के चरणकमलों में ही प्रेम है, परंतु हे हनुमान! अब मुझे विश्वास हो गया कि श्री रामजी की मुझ पर कृपा है, क्योंकि हरि की कृपा के बिना संत नहीं मिलते॥2॥

जब श्री रघुवीर ने कृपा की है, तभी तो आपने मुझे हठ करके (अपनी ओर से) दर्शन दिए हैं। (हनुमान्जी ने कहा-) हे विभीषणजी! सुनिए, प्रभु की यही रीति है कि वे सेवक पर सदा ही प्रेम किया करते हैं॥3॥

भला कहिए मैं ही कौन सा बड़ा कुलीन हूँ (जाति का) चंचल वानर हूँ और सब प्रकार से नीच हूँ, प्रातःकाल जो हम लोगों (बंदरों) का नाम ले ले तो उस दिन उसे भोजन न मिले॥4॥

(Vibhishanaji said-) O son of the wind! Listen to my story. I live here like a poor tongue between the teeth. Oh respected one! Will Shri Ramchandraji, the Lord of the Surya clan, ever bless me after knowing me to be an orphan? ||1||

Due to my being in a tamasic (demon) body, I don't have a resource nor do I have idea to seek and feel love for the lotus feet of Shri Ramchandraji in my heart, but O Hanuman! Now I believe that Shri Ramji has blessed me, because without the grace of god, saints are not found. ||2||

When Shri Raghuveer has blessed, then only you have stubbornly met me (on your own behalf). (Hanumanji said-) Hey Vibhishanji! Listen, this is the way of God that he always loves his devotee. ||3||

Tell me, otherwise who am I to be so noble? I am a fickle monkey (of the caste) and am low in every way; whoever takes the name of us (monkeys) in the morning will not get food that day. ||4||

टिप्पणी: एक व्यक्ति को अपने साथियों या टीम के सदस्यों या परिवार के सदस्यों की सभी ताकत और कमजोरियों को जानना चाहिए। उसे धैर्यपूर्वक उनकी बात सुननी चाहिए। लक्ष्य की ओर आगे बढ़ने से पहले उसे कमजोर कड़ियों की पहचान करनी चाहिए और उन्हें ठीक करने का प्रयास करना चाहिए। समान विचारधारा वाले लोगों का स्वागत किया जाना चाहिए।

Comment: A person must know all the strength and weaknesses of his companions or team members or family members. He should patiently listen to what they have to say. He must identify the weak links and try to correct them before proceeding towards the aim. Like minded should be welcomed.

दोहा : 7
अस मैं अधम सखा सुनु मोहू पर रघुबीर।
कीन्हीं कृपा सुमिरि गुन भरे बिलोचन नीर॥

अर्थ:- हे सखा! सुनिए, मैं ऐसा अधम हूँ, पर श्री रामचंद्रजी ने तो भी मुझ पर कृपा ही की है। भगवान् के गुणों का स्मरण करके हनुमानजी के दोनों नेत्रों में (प्रेमाश्रुओं का) जल भर आया॥7॥

Hey friend! Listen, I am such a wretched person, but Shri Ramchandraji has shown kindness to me too. Remembering the qualities of God, both the eyes of Hanumanji filled with tears of love.

टिप्पणी: चतुर और बुद्धिमान हमेशा अपने पैर ज़मीन पर रखकर आसमान की तरह ऊँचा सोचते हैं। सादा जीवन और उच्च विचार ही आदर्श वाक्य है।

Comment: Clever and wise always think high like the sky keeping their feet on the ground. Simple living and high thinking is the motto.

चौपाई : 8

जानतहूँ अस स्वामि बिसारी। फिरहिं ते काहे न होहिं दुखारी॥
एहि बिधि कहत राम गुन ग्रामा। पावा अनिर्बाच्य बिश्रामा॥1॥

पुनि सब कथा बिभीषन कही। जेहि बिधि जनकसुता तहँ रही॥
तब हनुमंत कहा सुनु भ्राता। देखी चहउँ जानकी माता॥2॥

जुगुति बिभीषन सकल सुनाई। चलेउ पवन सुत बिदा कराई॥
करि सोइ रूप गयउ पुनि तहवाँ। बन असोक सीता रह जहवाँ॥3॥

देखि मनहि महुँ कीन्ह प्रनामा। बैठेहिं बीति जात निसि जामा॥
कृस तनु सीस जटा एक बेनी। जपति हृदयँ रघुपति गुन श्रेनी॥4॥

अर्थ:- जो जानते हुए भी ऐसे स्वामी (श्री रघुनाथजी) को भुलाकर (विषयों के पीछे) भटकते फिरते हैं, वे दुःखी क्यों न हों? इस प्रकार श्री रामजी के गुण समूहों को कहते हुए उन्होंने अनिर्वचनीय (परम) शांति प्राप्त की॥1॥

फिर विभीषणजी ने, श्री जानकीजी जिस प्रकार वहाँ (लंका में) रहती थीं, वह सब कथा कही। तब हनुमान्जी ने कहा- हे भाई सुनो, मैं जानकी माता को देखता चाहता हूँ॥2॥

विभीषणजी ने (माता के दर्शन की) सब युक्तियाँ (उपाय) कह सुनाईं। तब हनुमान्जी विदा लेकर चले। फिर वही (पहले का मच्छर सरीखा) रूप धरकर वहाँ गए, जहाँ अशोक वन में (वन के जिस भाग में) सीताजी रहती थीं॥3॥

सीताजी को देखकर हनुमान्जी ने उन्हें मन ही में प्रणाम किया। उन्हें बैठे ही बैठे रात्रि के चारों पहर बीत जाते हैं। सीताजी का शरीर दुबला हो गया है, सिर पर जटाओं की एक वेणी (लट) है। हृदय में श्री रघुनाथजी के गुण समूहों का जाप (स्मरण) करती रहती हैं॥4॥

Those who forget such a Swami (Shri Raghunathji) and wander (after subjects) despite knowing him, why should they not be sad? In this way, while narrating the qualities of Shri Ramji, he attained indescribable (ultimate) peace. ||1||

Then Vibhishanji told the whole story of the way Shri Janakiji lived there (in Lanka). Then Hanumanji said - O brother, listen, I want to see Janaki Mata. ll2 ll

Vibhishan ji told all the tips (to see Mata). Then Hanumanji took leave and left. Then in the same form (like a mosquito, a very small form) he went to the (the part of the forest) place where Sitaji lived in the Ashoka Vatika ll3 ll

Seeing Sitaji, Hanumanji bowed to her in his heart. Sitaji spent all four hours of the night just sitting. The body (of Sitaji) has become lean; there is a braid of hair on the head. She keeps chanting (remembering) the qualities of Shri Raghunathji in her heart. ll4 ll

टिप्पणी: एक बार जब व्यक्ति समान विचारधारा वाले और सक्षम साथियों के बारे में आश्वस्त हो जाए, तो सक्रिय रूप से योजना बनाकर लक्ष्य का पालन करना चाहिए ताकि समय और प्रयास बर्बाद किए बिना उद्देश्य पूरा हो सके।

Comment: Once the person is convinced and confident about the like minded and capable companions, the aim should be followed planning pro-actively so that without wasting time and efforts the mission is accomplished.

दोहा : 8

निज पद नयन दिएँ मन राम पद कमल लीन।
परम दुखी भा पवनसुत देखि जानकी दीन॥

अर्थः- श्री जानकीजी नेत्रों को अपने चरणों में लगाए हुए हैं (नीचे की ओर देख रही हैं) और मन श्री रामजी के चरण कमलों में लीन है। जानकीजी को दीन (दुःखी) देखकर पवनपुत्र हनुमानजी बहुत ही दुःखी हुए॥

Shri Janakiji has her eyes fixed on her feet (looking downwards) and her mind is absorbed in the lotus feet of Shri Ramji. Hanumanji, the son of Pawan, became very sad after seeing Janakiji in distress.

टिप्पणी: लक्ष्य कितना भी कठिन हो, परिस्थिति कैसी भी हो व्यक्ति को अपना ध्यान उद्देश्य पर केंद्रित रखना चाहिए।

Comment: How tough the aim is, whatever be the situation is, the person should maintain his focus on his aim.

चौपाई : 9

तरु पल्लव महँ रहा लुकाई। करइ बिचार करौं का भाई॥
तेहि अवसर रावनु तहँ आवा। संग नारि बहु किएँ बनावा॥1॥

बहु बिधि खल सीतहि समुझावा। साम दान भय भेद देखावा॥
कह रावनु सुनु सुमुखि सयानी। मंदोदरी आदि सब रानी॥2॥

तव अनुचरीं करउँ पन मोरा। एक बार बिलोकु मम ओरा॥
तृन धरि ओट कहति बैदेही। सुमिरि अवधपति परम सनेही॥3॥

सुनु दसमुख खद्योत प्रकासा। कबहुँ कि नलिनी करइ बिकासा॥
अस मन समुझु कहति जानकी। खल सुधि नहिं रघुबीर बान की॥4॥

सठ सूनें हरि आनेहि मोही। अधम निलज्ज लाज नहिं तोही॥5॥

अर्थ:- हनुमान्जी वृक्ष के पत्तों में छिप रहे और विचार करने लगे कि हे भाई! क्या करूँ (इनका दुःख कैसे दूर करूँ)? उसी समय बहुत सी स्त्रियों को साथ लिए सज-धजकर रावण वहाँ आया॥1॥

उस दुष्ट ने सीताजी को बहुत प्रकार से समझाया। साम, दान, भय और भेद दिखलाया। रावण ने कहा- हे सुमुखि! हे सयानी! सुनो! मंदोदरी आदि सब रानियों को-॥2॥

मैं तुम्हारी दासी बना दूँगा, यह मेरा प्रण है। तुम एक बार मेरी ओर देखो तो सही! अपने परम स्नेही कोसलाधीश श्री रामचंद्रजी का स्मरण करके जानकीजी तिनके की आड़ (परदा) करके कहने लगीं-॥3॥

हे दशमुख! सुन, जुगनू के प्रकाश से कभी कमलिनी खिल सकती है? जानकीजी फिर कहती हैं- तू (अपने लिए भी) ऐसा ही मन में समझ ले। रे दुष्ट! तुझे श्री रघुवीर के बाण की खबर नहीं है॥4॥

रे पापी! तू मुझे सूने में हर लाया है। रे अधम! निर्लज्ज! तुझे लज्जा नहीं आती? ॥5॥

Hanumanji was hiding in the leaves of the tree and started thinking, O brother! What should I do (how to relieve her suffering)? At the same time, Ravana came there beautifully dressed with many women. ||1||

That wicked man tried to convince Sitaji in many ways. Showing kindness, charity, fear and secrecy, Ravana said- Hey Sumukhi! O wise one! Listen! To all the queens like Mandodari- ||2||

I will make your maid, this is my vow. You just look at me once! Remembering her most beloved Kosaladhish Shri Ramchandraji, Janakiji started saying behind the cover of straw - ||3||

O Dashmukh! Listen, can a lotus flower ever bloom with the light of a firefly? Janakiji again says – You should think the same in your mind (for yourself also). Oh wicked! You are not aware of Shri Raghuveer's arrow. ||4||

Oh sinner! You have brought me here in the wilderness. O wretch! Shameless! Don't you feel ashamed? ||5||

टिप्पणी: व्यक्ति को अपने शत्रु, प्रतिस्पर्धी को हमेशा अपनी निगरानी में रखना चाहिए ताकि उसकी गतिविधियों के बारे में पता चल सके और तदनुसार सक्रिय रूप से तैयार चुनौती का सामना करने की योजना बना सके। उनकी मानसिकता और उद्देश्य की गहराई जानने के लिए उनके लालच और प्रस्तावों की अच्छी तरह जांच की जानी चाहिए। उचित समय आने पर व्यक्ति को अचूक तैयारी के साथ कार्य करना चाहिए।

Comment: The person should always keep his enemy, competitor under his vigilance to know about his activities and accordingly plan to meet the challenge proactively prepared. His proposals laced with greed and offers should be well screened to know the depth of his mindset and aim. When the appropriate time comes, the person should act with fail-proof preparedness.

दोहा : 9

आपुहि सुनि खद्योत सम रामहि भानु समान।
परुष बचन सुनि काढ़ि असि बोला अति खिसिआन॥

अर्थः- अपने को जुगनू के समान और रामचंद्रजी को सूर्य के समान सुनकर और सीताजी के कठोर वचनों को सुनकर रावण तलवार निकालकर बड़े गुस्से में आकर बोला-॥9॥

Hearing comparison of self like a firefly, with Ramchandraji like the sun and hearing the harsh words of Sitaji, Ravana took out his sword and got very angry and said.

चौपाई : 10

सीता तैं मम कृत अपमाना। कटिहउँ तव सिर कठिन कृपाना॥
नाहिं त सपदि मानु मम बानी। सुमुखि होति न त जीवन हानी॥1॥

स्याम सरोज दाम सम सुंदर। प्रभु भुज करि कर सम दसकंधर॥
सो भुज कंठ कि तव असि घोरा। सुनु सठ अस प्रवान पन मोरा॥2॥

चंद्रहास हरु मम परितापं। रघुपति बिरह अनल संजातं॥
सीतल निसित बहसि बर धारा। कह सीता हरु मम दुख भारा॥3॥

सुनत बचन पुनि मारन धावा। मयतनयाँ कहि नीति बुझावा॥
कहेसि सकल निसिचरिन्ह बोलाई। सीतहि बहु बिधि त्रासहु जाई॥4॥

मास दिवस महुँ कहा न माना। तौ मैं मारबि काढ़ि कृपाना॥**5**॥

अर्थः- सीता! तूने मेरा अपनाम किया है। मैं तेरा सिर इस कठोर कृपाण से काट डालूँगा। नहीं तो (अब भी) जल्दी मेरी बात मान ले। हे सुमुखि! नहीं तो जीवन से हाथ धोना पड़ेगा॥1॥

(सीताजी ने कहा-) हे दशग्रीव! प्रभु की भुजा जो श्याम कमल की माला के समान सुंदर और हाथी की सूँड के समान (पुष्ट तथा विशाल) है, या तो वह

भुजा ही मेरे कंठ में पड़ेगी या तेरी भयानक तलवार ही। रे शठ! सुन, यही मेरा सच्चा प्रण है॥2॥

सीताजी कहती हैं- हे चंद्रहास (रावण की तलवार का नाम)! श्री रघुनाथजी के विरह की अग्नि से उत्पन्न मेरी बड़ी भारी जलन को तू हर ले, हे तलवार! तू शीतल, तीव्र और श्रेष्ठ धारा बहाती है (अर्थात् तेरी धारा ठंडी और तेज है), तू मेरे दुःख के बोझ को हर ले॥3॥

सीताजी के ये वचन सुनते ही वह (रावण) मारने दौड़ा। तब मय दानव की पुत्री मन्दोदरी ने नीति कहकर उसे समझाया। तब रावण ने सब दासियों को बुलाकर कहा कि जाकर सीता को बहुत प्रकार से भय दिखलाओ (डराओ)॥4॥

यदि महीने भर में यह कहा न माने तो मैं इसे तलवार निकालकर मार डालूँगा॥5॥

Sita! You have insulted me. I will cut off your head with this hard saber. Otherwise (even now) quickly accept my words. Hey Sumukhi! Otherwise you will have to loose your life. ||1||

(Sitaji said -) O Dashagriva! The arm of the Lord, which is as beautiful as a garland of black lotus and as strong and huge as the trunk of an elephant, will either fall around my throat or your terrible sword. Hey crafty! Listen, this is my true vow. ||2||

Sitaji says - O Chandrahas (name of Ravan's sword)! O sword, take away my great sorrow arising from the fire of separation from Shri Raghunathji! You flow a cool, strong and noble stream of blood (that is, your stream is cold and swift), take away the burden of my sorrow. ||3||

As soon as Sitaji said these words, he (Ravan) ran to kill her. Then Mandodari, the daughter of the demon named May, explained a trick to him. Then Ravana called all the maids and said, go and frighten Sita in many ways. ||4||

If she does not obey within a month, I will kill her with a sword.||5||.

दोहा : 10

भवन गयउ दसकंधर इहाँ पिसाचिनि बृंद।
सीतहि त्रास देखावहिं धरहिं रूप बहु मंद॥10||

अर्थः- (यों कहकर) रावण घर चला गया। यहाँ राक्षसियों के समूह बहुत से बुरे रूप धरकर सीताजी को डराने लगी॥10॥

(Saying this) Ravana went home. Here, groups of demons took many evil forms and started scaring Sitaji.||10॥

चौपाई : 11

त्रिजटा नाम राच्छसी एका। राम चरन रति निपुन बिबेका॥
सबन्हौ बोलि सुनाएसि सपना। सीतहि सेइ करहु हित अपना॥1॥

सपनें बानर लंका जारी। जातुधान सेना सब मारी॥
खर आरूढ़ नगन दससीसा। मुंडित सिर खंडित भुज बीसा॥2॥

एहि बिधि सो दच्छिन दिसि जाई। लंका मनहुँ बिभीषन पाई॥
नगर फिरी रघुबीर दोहाई। तब प्रभु सीता बोलि पठाई॥3॥

यह सपना मैं कहउँ पुकारी। होइहि सत्य गएँ दिन चारी॥
तासु बचन सुनि ते सब डरीं। जनकसुता के चरनन्हि परीं॥4॥

अर्थः- उनमें एक त्रिजटा नाम की राक्षसी थी। उसकी श्री रामचंद्रजी के चरणों में प्रीति थी और वह विवेक (ज्ञान) में निपुण थी। उसने सबों को बुलाकर अपना स्वप्न सुनाया और कहा- सीताजी की सेवा करके अपना कल्याण कर लो॥1॥

स्वप्न में (मैंने देखा कि) एक बंदर ने लंका जला दी। राक्षसों की सारी सेना मार डाली गई। रावण नंगा है और गधे पर सवार है। उसके सिर मुँडे हुए हैं, बीसों भुजाएँ कटी हुई हैं॥2॥

इस प्रकार से वह दक्षिण (मृत्यु की नगरी यमपुरी की) दिशा को जा रहा है और मानो लंका विभीषण ने पाई है। नगर में श्री रामचंद्रजी की दुहाई फिर गई। तब प्रभु ने सीताजी को बुला भेजा (मुक्त करवाया और मिले) ॥3॥

मैं पुकारकर (निश्चय के साथ) कहती हूँ कि यह स्वप्न चार (कुछ ही) दिनों बाद सत्य होकर रहेगा। उसके वचन सुनकर वे सब राक्षसियाँ डर गईं और जानकीजी के चरणों पर गिर पड़ीं॥4॥

Among them there was a demon named Trijata. She had love for the feet of Shri Ramchandraji and was adept in wisdom (knowledge). She called everyone and narrated her dream and said - Do good to self by serving Sitaji. ||1 ||

(I) dreamt that a monkey burnt Lanka. The entire army of demons was killed. Ravana is naked and riding on a donkey. His head is shaved; all twenty of his arms are cut off. ||2||

In this way he is going towards the south (of Yampuri, the direction of death) and it seems as if Vibhishana has got rule over Lanka. The curse of Shri Ramchandraji went again in the city. Then the Lord called (freed and met) Sitaji. ||3||

I call out (with certainty) and say that this dream will come true after four (few) days. Hearing her words, all those demons got scared and fell at the feet of Janakiji.4॥

दोहा : 11
जहँ तहँ गईं सकल तब सीता कर मन सोच।
मास दिवस बीतें मोहि मारिहि निसिचर पोच॥11॥

अर्थ:- तब (इसके बाद) वे सब जहाँ-तहाँ चली गईं। सीताजी मन में सोच करने लगीं कि एक महीना बीत जाने पर नीच राक्षस रावण मुझे मारेगा॥11॥

Then (after this) they all (demons) went here and there. Sitaji started thinking in her mind that after one month passes, the vile demon Ravana will kill me. ||11||

चौपाई : 12
त्रिजटा सन बोलीं कर जोरी। मातु बिपति संगिनि तैं मोरी॥
तजौं देह करु बेगि उपाई। दुसह बिरहु अब नहिं सहि जाई॥1॥

आनि काठ रचु चिता बनाई। मातु अनल पुनि देहि लगाई॥
सत्य करहि मम प्रीति सयानी। सुनै को श्रवन सूल सम बानी॥2॥

सुनत बचन पद गहि समुझाएसि। प्रभु प्रताप बल सुजसु सुनाएसि॥
निसि न अनल मिल सुनु सुकुमारी। अस कहि सो निज भवन सिधारी॥3॥

कह सीता बिधि भा प्रतिकूला। मिलिहि न पावक मिटिहि न सूला॥
देखिअत प्रगट गगन अंगारा। अवनि न आवत एकउ तारा॥4॥

पावकमय ससि स्रवत न आगी। मानहुँ मोहि जानि हतभागी॥
सुनहि बिनय मम बिटप असोका। सत्य नाम करु हरु मम सोका॥5॥

नूतन किसलय अनल समाना। देहि अगिनि जनि करहि निदाना॥
देखि परम बिरहाकुल सीता। सो छन कपिहि कलप सम बीता॥6॥

अर्थ:- सीताजी हाथ जोड़कर त्रिजटा से बोलीं- हे माता! तू मेरी विपत्ति की संगिनी है। जल्दी कोई ऐसा उपाय कर जिससे मैं शरीर छोड़ सकूँ। विरह (श्री राम जी से) असहनीय हो चला है, अब यह सहा नहीं जाता॥1॥

काठ लाकर चिता बनाकर सजा दे। हे माता! फिर उसमें आग लगा दे। हे सयानी! तू मेरी प्रीति को सत्य कर दे। रावण की शूल के समान दुःख देने वाली वाणी कानों से कौन सुने? ॥2॥

सीताजी के वचन सुनकर त्रिजटा ने चरण पकड़कर उन्हें समझाया और प्रभु का प्रताप, बल और सुयश सुनाया। (उसने कहा-) हे सुकुमारी! सुनो रात्रि के समय आग नहीं मिलेगी। ऐसा कहकर वह अपने घर चली गई॥3॥

सीताजी (मन ही मन) कहने लगीं- (क्या करूँ) विधाता ही विपरीत हो गया। न आग मिलेगी, न पीड़ा मिटेगी। आकाश में अंगारे (तारे) प्रकट दिखाई दे रहे हैं, पर पृथ्वी पर एक भी तारा नहीं आता॥4॥

चंद्रमा अग्निमय है, किंतु वह भी मानो मुझे हतभागिनी जानकर आग नहीं बरसाता। हे अशोक वृक्ष! मेरी विनती सुन। मेरा शोक हर ले और अपना (अशोक का अर्थ है शोक रहित) नाम सत्य कर॥5॥

तेरे नए-नए कोमल पत्ते अग्नि के समान हैं। अग्नि दे, विरह रोग का अंत मत कर (अर्थात् विरह रोग को बढ़ाकर सीमा तक न पहुँचा) सीताजी को

विरह से परम व्याकुल देखकर वह क्षण हनुमानजी को कल्प (4.32 अरब वर्ष) के समान बीता॥6॥

Sitaji with folded hands said to Trijata – O Mother! You are my companion in trouble. Quickly find some solution by which I can leave my body. The separation has become unbearable; it can no longer be tolerated. ||1 ||

Bring wood and make a pyre and Hey mother! Then set it on fire. O wise one! You make my love true. Who would listen to Ravana's words that give pain like a prong? ||2||

After listening to Sitaji's words, Trijata held her feet and explained to her and narrated the glory, power and good fortune of the Lord. (She said-) O Sukumari! Listen; no fire will be available at night. Saying this, she went to her home. ||3||

Sita ji started saying (in her mind) - (What should I do) the creator himself has turned contrary. Neither fire will be found, nor will pain be eradicated. Embers (stars) are visible in the sky, but not a single star falls on the earth. ||4||

The moon is fiery (seems), but it also does not rain fire as if considering me to be a helpless person. O Ashoka tree! Hear my request. Take away my sorrow and make your name (Ashoka means without sorrow) true. ||5||

Your new tender leaves are like fire. Give fire, do not take pain to extreme (i.e. do not increase the sorrow of separation to the extreme limit). Seeing Sitaji extremely distraught with separation, that moment passed like a Kalpa (4.32 billion years) for Hanumanji. ||6||

सोरठा : 12
कपि करि हृदयँ बिचार दीन्हि मुद्रिका डारि तब।
जनु असोक अंगार दीन्ह हरषि उठि कर गहेउ॥12॥

अर्थ:- तब हनुमानजी ने हृदय में विचार कर (सीताजी के सामने) अँगूठी डाल दी, मानो अशोक ने अंगारा दे दिया। (यह समझकर) सीताजी ने हर्षित होकर उठकर उसे हाथ में ले लिया॥12॥

Then Hanumanji, after thinking in his heart, placed the ring (in front of Sitaji), Sitaji got up happily and took it in her hand (Understanding this) as if Ashoka has given her an ember.||12||

टिप्पणी: हमेशा अवसर का लाभ उठाएं | लक्ष्य की ओर कार्य करने का कोई मौका न चूकें।

Comment: Always grab the opportunity. Never miss a chance to act towards aim.

चौपाई : 13
तब देखी मुद्रिका मनोहर। राम नाम अंकित अति सुंदर॥
चकित चितव मुदरी पहिचानी। हरष बिषाद हृदयँ अकुलानी॥1॥

जीति को सकइ अजय रघुराई। माया तें असि रचि नहिं जाई॥
सीता मन बिचार कर नाना। मधुर बचन बोलेउ हनुमाना॥2॥

रामचंद्र गुन बरनैं लागा। सुनतहिं सीता कर दुख भागा॥
लागीं सुनैं श्रवन मन लाई। आदिहु तें सब कथा सुनाई॥3॥

श्रवनामृत जेहिं कथा सुहाई। कही सो प्रगट होति किन भाई॥
तब हनुमंत निकट चलि गयऊ। फिरि बैठीं मन बिसमय भयऊ॥4॥

राम दूत मैं मातु जानकी। सत्य सपथ करुनानिधान की॥
यह मुद्रिका मातु मैं आनी। दीन्हि राम तुम्ह कहँ सहिदानी॥5॥

नर बानरहि संग कहु कैसें। कही कथा भइ संगति जैसें॥6॥

अर्थ:- तब उन्होंने (सीताजी ने) राम-नाम से अंकित अत्यंत सुंदर एवं मनोहर अँगूठी देखी। अँगूठी को पहचानकर सीताजी आश्चर्यचकित होकर उसे देखने लगीं और हर्ष तथा विषाद से हृदय में अकुला उठीं॥1॥

(वे सोचने लगीं-) श्री रघुनाथजी तो सर्वथा अजेय हैं, उन्हें कौन जीत सकता है? और माया से ऐसी (माया के उपादान से सर्वथा रहित दिव्य,

चिन्मय) अँगूठी बनाई नहीं जा सकती। सीताजी मन में अनेक प्रकार के विचार कर रही थीं। इसी समय हनुमानजी मधुर वचन बोले-॥2॥

वे श्री रामचंद्रजी के गुणों का वर्णन करने लगे, (जिनके) सुनते ही सीताजी का दुःख भाग गया। वे कान और मन लगाकर उन्हें सुनने लगीं। हनुमान्जी ने आदि से लेकर अब तक की सारी कथा कह सुनाई॥3॥

(सीताजी बोलीं-) जिसने कानों के लिए अमृत रूप यह सुंदर कथा कही, वह हे भाई! प्रकट क्यों नहीं होता? तब हनुमान्जी पास चले गए। उन्हें देखकर सीताजी फिरकर (मुख फेरकर) बैठ गईं? उनके मन में आश्चर्य हुआ॥4॥

हनुमानजी ने कहा-) हे माता जानकी मैं श्री रामजी का दूत हूँ। करुणानिधान की सच्ची शपथ करता हूँ, हे माता! यह अँगूठी मैं ही लाया हूँ। श्री रामजी ने मुझे आपके लिए यह सहिदानी (निशानी या पहिचान) दी है॥5॥

(सीताजी ने पूछा-) नर और वानर का संग कहो कैसे हुआ? तब हनुमानजी ने जैसे संग हुआ था, वह सब कथा कही॥6॥

Then she saw a very beautiful ring engraved with the name of Ram. Recognizing the ring, Sitaji started looking at it with surprise and was filled with joy and sadness in her heart. ||1||

(She started thinking -) Shri Raghunathji is completely invincible, who can conquer him? And such a (divine, shining, completely free from the elements of illusion) ring cannot be made with illusion. Sitaji was having many types of thoughts in her mind. At the same time Hanumanji spoke sweet words - ||2||

He started describing the qualities of Shri Ramchandra ji, (on hearing whom) Sita ji's sorrow went away. She started listening to him with all her ears and heart. Hanumanji told the entire story from the beginning till now. ||3||

(Sitaji said -) Who is the one who told this beautiful story in the form of nectar for the ears, O brother! Why don't you appear? Then Hanumanji went near. Seeing him, Sitaji turned (turned her face away) and sat down. There was surprise in her mind. ||4||

Hanumanji said - O Mother Janaki, I am the messenger of Shri Ramji. I take a true oath of mercy, O Mother! I have brought this ring. Shri Ramji has given me this Sahidani (sign of identification) for you. ll5 ll

(Sita ji asked -) Tell me, how did the association of man and monkey happen? Then Hanumanji told all the stories that had happened with him. ll6 ll

टिप्पणी: किसी पर तभी भरोसा करें जब आप उस व्यक्ति की पहचान, उसके चरित्र और मानसिकता के बारे में आश्वस्त हों। किसी भी चीज़ और किसी पर स्वयं जांच किए बिना भरोसा न करें।

Comment: Trust someone once you are sure of the person's identity, his character and mindset. Never trust anything and anyone without cross checking it yourself.

दोहा : 13

कपि के बचन सप्रेम सुनि उपजा मन बिस्वास
जाना मन क्रम बचन यह कृपासिंधु कर दास॥13॥

अर्थ:- हनुमान्‌जी के प्रेमयुक्त वचन सुनकर सीताजी के मन में विश्वास उत्पन्न हो गया, उन्होंने जान लिया कि यह मन, वचन और कर्म से कृपासागर श्री रघुनाथजी का दास है॥13॥

Hearing the loving words of Hanumanji, faith arose in Sitaji's mind; she came to know that in mind, words and deeds he (hanumanji) is a devotee of Shri Raghunathji, the ocean of grace. ll13 ll

टिप्पणी: किसी के बारे में तभी आश्वस्त हों जब उसकी सोच, शब्द और कृत्य मेल खाते हों।

Comment: Be sure about someone only if his thinking, words and acts match.

चौपाई : 14

हरिजन जानि प्रीति अति गाढ़ी। सजल नयन पुलकावलि बाढ़ी॥
बूड़त बिरह जलधि हनुमाना। भयहु तात मो कहुँ जलजाना॥1॥

अब कहु कुसल जाउँ बलिहारी। अनुज सहित सुख भवन खरारी॥
कोमलचित कृपाल रघुराई। कपि केहि हेतु धरी निठुराई॥2॥

सहज बानि सेवक सुखदायक। कबहुँक सुरति करत रघुनायक॥
कबहुँ नयन मम सीतल ताता। होइहहिं निरखि स्याम मृदु गाता॥3॥

बचनु न आव नयन भरे बारी। अहह नाथ हौं निपट बिसारी॥
देखि परम बिरहाकुल सीता। बोला कपि मृदु बचन बिनीता॥4॥

मातु कुसल प्रभु अनुज समेता। तव दुख दुखी सुकृपा निकेता॥
जनि जननी मानह जियँ ऊना। तुम्ह ते प्रेमु राम कें दूना॥5॥

अर्थ:- भगवान का जन (सेवक) जानकर अत्यंत गाढ़ी प्रीति हो गई। नेत्रों में (प्रेमाश्रुओं का) जल भर आया और शरीर अत्यंत पुलकित हो गया (सीताजी ने कहा-) हे तात हनुमान्! विरहसागर में डूबती हुई मुझको तुम जहाज (सहारा) हुए॥1॥

मैं बलिहारी (न्योछावर होना) जाती हूँ, अब छोटे भाई लक्ष्मणजी सहित खर के शत्रु सुखधाम प्रभु का कुशल-मंगल कहो। श्री रघुनाथजी तो कोमल हृदय और कृपालु हैं। फिर हे हनुमान्! उन्होंने किस कारण यह निष्ठुरता धारण कर ली है? ॥2॥

सेवक को सुख देना उनका स्वभाव है। वे श्री रघुनाथजी क्या कभी मेरी भी याद करते हैं? हे तात! क्या कभी उनके कोमल साँवले अंगों को देखकर मेरे नेत्र शीतल होंगे? ॥3॥

(मुँह से) वचन नहीं निकलता, नेत्रों में (विरह के आँसुओं का) जल भर आया। (बड़े दुःख से वे बोलीं-) हा नाथ! आपने मुझे बिलकुल ही भुला दिया! सीताजी को विरह से परम व्याकुल देखकर हनुमानजी कोमल और विनीत वचन बोले- ॥4॥

हे माता! सुंदर कृपा के धाम प्रभु भाई लक्ष्मणजी के सहित (शरीर से) कुशल हैं, परंतु आपके दुःख से दुःखी हैं। हे माता! मन में ग्लानि न मानिए (मन छोटा करके दुःख न कीजिए) । श्री रामचंद्रजी के हृदय में आपसे दूना प्रेम है॥5॥

She felt very deeply in affection with him after knowing him as a man (servant/devotee) of God. Her eyes filled with water (tears of love) and the body became very excited (Sitaji said-) O respected one Hanuman! You became my ship (support) while drowning in the ocean of separation. ||1 ||

I am bestowing in affection, now along with younger brother Lakshman ji, tell the well-being of God, the abode of happiness, the enemy of Khar. Shri Raghunathji is soft hearted and kind. Then O Hanuman! Why has he adopted this cruelty? ||2||

To give happiness to the devotee is his natural habit. Does that Shri Raghunathji ever remember me too? Oh father! Will my eyes ever cool down after seeing his soft tanned body? ||3||

Words are not coming out; my eyes were filled with tears (tears of separation). (She said with great sadness-) Oh Lord! You have completely forgotten me! Seeing Sitaji extremely distressed by separation, Hanumanji spoke soft and polite words - ||4||

O Mother! Lord, the abode of beautiful grace, along with brother Laxmanji, is healthy (physically), but is saddened by your sorrow. Hey mother! Do not feel guilty in your mind (do not feel sad by feeling small). Shri Ramchandraji has double the love for you in his heart. ||5||

दोहा : 14

रघुपति कर संदेसु अब सुनु जननी धरि धीर।
अस कहि कपि गदगद भयउ भरे बिलोचन नीर॥14॥

अर्थ:- हे माता! अब धीरज धरकर श्री रघुनाथजी का संदेश सुनिए। ऐसा कहकर हनुमान्जी प्रेम से गदगद हो गए। उनके नेत्रों में (प्रेमाश्रुओं का) जल भर आया॥14॥

Hey mother! Now be patient and listen to the message of Shri Raghunathji. Saying this, Hanumanji became overwhelmed with love. His eyes filled with tears (of love).||14||

टिप्पणी: कार्य के बारे में जानकारी मांगना और साझा करना केवल करीबी विश्वासपात्रों के साथ ही किया जाना चाहिए। केवल वास्तविक अद्यतन करने वाले उनके संस्करणों को ही पर्याप्त सत्यापन के साथ संकलित किया जाना चाहिए।

Comment: Information seeking and sharing about the task should be done with close confidents only. Only their versions updating the actual should be compiled after adequate verification.

चौपाई : 15

कहेउ राम बियोग तव सीता। मो कहुँ सकल भए बिपरीता॥
नव तरु किसलय मनहुँ कृसानू। कालनिसा सम निसि ससि भानू॥1॥

कुबलय बिपिन कुंत बन सरिसा। बारिद तपत तेल जनु बरिसा॥
जे हित रहे करत तेइ पीरा। उरग स्वास सम त्रिबिध समीरा॥2॥

कहेहू तें कछु दुख घटि होई। काहि कहौं यह जान न कोई॥
तत्व प्रेम कर मम अरु तोरा। जानत प्रिया एकु मनु मोरा॥3॥

सो मनु सदा रहत तोहि पाहीं। जानु प्रीति रसु एतनेहि माहीं॥
प्रभु संदेसु सुनत बैदेही। मगन प्रेम तन सुधि नहिं तेही॥4॥

कह कपि हृदयँ धीर धरु माता। सुमिरु राम सेवक सुखदाता॥
उर आनहु रघुपति प्रभुताई। सुनि मम बचन तजहु कदराई॥5॥

अर्थ:- (हनुमान जी बोले-) श्री रामचंद्रजी ने कहा है कि हे सीते! तुम्हारे वियोग में मेरे लिए सभी पदार्थ प्रतिकूल हो गए हैं। वृक्षों के नए-नए कोमल पत्ते मानो अग्नि के समान, रात्रि कालरात्रि के समान, चंद्रमा सूर्य के समान॥1॥

और कमलों के वन भालों के वन के समान हो गए हैं। मेघ मानो खौलता हुआ तेल बरसाते हैं। जो हित करने वाले थे, वे ही अब पीड़ा देने लगे हैं। त्रिविध (शीतल, मंद, सुगंध) वायु साँप के श्वास के समान (जहरीली और गरम) हो गई है॥2॥

मन का दुःख कह डालने से भी कुछ घट जाता है। पर कहूँ किससे? यह दुःख कोई जानता नहीं। हे प्रिये! मेरे और तेरे प्रेम का तत्त्व (रहस्य) एक मेरा मन ही जानता है॥3॥

और वह मन सदा तेरे ही पास रहता है। बस, मेरे प्रेम का सार इतने में ही समझ ले। प्रभु का संदेश सुनते ही जानकीजी प्रेम में मग्न हो गईं। उन्हें शरीर की सुध न रही॥4॥

हनुमानजी ने कहा- हे माता! हृदय में धैर्य धारण करो और सेवकों को सुख देने वाले श्री रामजी का स्मरण करो। श्री रघुनाथजी की प्रभुता को हृदय में लाओ और मेरे वचन सुनकर कायरता छोड़ दो॥5॥

(Hanuman ji said-) Shri Ramchandra ji has said that O Sita! Due to your separation, all things have become unfavorable for me. It seems as if the new tender leaves of the trees are like fire, the night is like midnight, the moon is like the sun, ||1||

And the forest of lotuses is like a forest of spears. It seems as if the clouds rain boiling oil. Those who were supposed to do good have now started causing pain. The threefold (cool, slow, fragrant) air has become like the breath of a snake (poisonous and hot).||2||

Even by expressing the sorrow of the mind, it is reduced. But whom should I tell? No one knows this sorrow. Hey darling! Only my mind knows the essence (secret) of love between me and you||3||

And that mind always remains with you. Just understand the essence of my love in this. As soon as she heard the message of the Lord, Janakiji became engrossed in love. She was no longer conscious of her body. ||4||

Hanumanji said - O Mother! Have patience in your heart and remember Shri Ramji who gives happiness to his devotees. Bring the supremacy of Shri Raghunathji in your heart and give up cowardice after listening to my words ll5 ll

दोहा : 15

निसिचर निकर पतंग सम रघुपति बान कृसानु।
जननी हृदयँ धीर धरु जरे निसाचर जानु॥15॥

अर्थः- राक्षसों के समूह पतंगों के समान और श्री रघुनाथजी के बाण अग्नि के समान हैं। हे माता! हृदय में धैर्य धारण करो और राक्षसों को जला ही समझो॥15॥

The groups of demons are like flies and the arrows of Shri Raghunathji are like fire. Hey mother! Have patience in your heart and now consider the demons as burnt. ll15 ll

टिप्पणीः हमेशा संकट में पड़े लोगों को शांत करने का प्रयास करें, उन्हें प्रेरित करें और उन्हें यह एहसास दिलाने में मदद करें कि भगवान हमेशा दयालु हैं। ईश्वर न्याय सदैव उत्तम होता है। निराश व्यक्ति शांत होने पर आशीर्वाद देता है। आशीर्वाद अद्‌भुत काम करता है |

Comment: Always try to pacify the people in distress, motivate them, and help them in realizing that God is always merciful and kind. God's justice is always perfect. A disheartened person gives blessings on being pacified. Blessings work wonders.

चौपाई : 16

जौं रघुबीर होति सुधि पाई। करते नहिं बिलंबु रघुराई॥
राम बान रबि उएँ जानकी। तम बरुथ कहँ जातुधान की॥1॥

अबहिं मातु मैं जाउँ लवाई। प्रभु आयुस नहिं राम दोहाई॥
कछुक दिवस जननी धरु धीरा। कपिन्ह सहित अइहहिं रघुबीरा॥2॥

निसिचर मारि तोहि लै जैहहिं। तिहुँ पुर नारदादि जसु गैहहिं॥
हैं सुत कपि सब तुम्हहि समाना। जातुधान अति भट बलवाना॥3॥

मोरें हृदय परम संदेहा। सुनि कपि प्रगट कीन्हि निज देहा॥
कनक भूधराकार सरीरा। समर भयंकर अतिबल बीरा॥4॥

सीता मन भरोस तब भयऊ। पुनि लघु रूप पवनसुत लयऊ॥5॥

अर्थः- श्री रामचंद्रजी ने यदि खबर पाई होती तो वे बिलंब न करते। हे जानकीजी! रामबाण रूपी सूर्य के उदय होने पर राक्षसों की सेना रूपी अंधकार कहाँ रह सकता है? ॥1॥

हे माता! मैं आपको अभी यहाँ से लिवा जाऊँ, पर श्री रामचंद्रजी की शपथ है, मुझे प्रभु (उन) की आज्ञा नहीं है। (अतः) हे माता! कुछ दिन और धीरज धरो। श्री रामचंद्रजी वानरों सहित यहाँ आएँगे॥2॥

और राक्षसों को मारकर आपको ले जाएँगे। नारद आदि (ऋषि-मुनि) तीनों लोकों में उनका यश गाएँगे। (सीताजी ने कहा-) हे पुत्र! सब वानर तुम्हारे ही समान (नन्हें-नन्हें से) होंगे, राक्षस तो बड़े बलवान, योद्धा हैं॥3॥

अतः मेरे हृदय में बड़ा भारी संदेह होता है (कि तुम जैसे बंदर राक्षसों को कैसे जीतेंगे!)। यह सुनकर हनुमान्‌जी ने अपना शरीर प्रकट किया। सोने के पर्वत (सुमेरु) के आकार का (अत्यंत विशाल) शरीर था, जो युद्ध में शत्रुओं के हृदय में भय उत्पन्न करने वाला, अत्यंत बलवान् और वीर था॥4॥

तब (उसे देखकर) सीताजी के मन में विश्वास हुआ। हनुमान्‌जी ने फिर छोटा रूप धारण कर लिया॥5॥

If Shri Ramchandraji had received the clue, he would not have delayed. Hey Janakiji! When the panacea-like sun rises, where can the darkness in the form of an army of demons remain? ||1||

O Mother! I can take you from here right now, but I swear by Shri Ramchandraji, I do not have the permission of the Lord. (So) O Mother! Be patient for a few more days. Shri Ramchandraji will come here along with the monkeys ||2||

And will kill the demons and take you away. Narada etc. (sages) will sing his praises in all three worlds. (Sitaji said-) O son! All the monkeys will be like you (small ones), the demons are very strong and warriors. ||3||

That is why there is a huge doubt in my heart (how monkeys like you will defeat the demons!). Hearing this, Hanumanji revealed his body. He had a (extremely huge) body in the shape of a golden mountain (Sumeru), which created fear in the hearts of enemies in battle, was extremely strong and brave.||4||

Then (seeing him) Sitaji had faith in him. Hanumanji again took a smaller form.||5||

टिप्पणी: बुद्धिमान व्यक्ति कार्य के बारे में पर्याप्त ज्ञान प्राप्त करने के बाद कभी भी कार्य में देरी नहीं करते हैं, वे नियमों, अनुष्ठानों का पालन करते हैं और कभी भी नैतिकता के खिलाफ नहीं जाते हैं। वे शिष्टाचार बनाए रखते हैं और अपनी सीमाएं जानते हैं।उनके पास हमेशा स्वयं और दूसरों के सभी संदेहों का स्पष्टीकरण होता है। वे अपने कार्यों से लोगों को आश्वस्त करते हैं।

Comment: Wise men never delay actions after gaining the adequate knowledge about the task; they follow rules, rituals and never go against ethics. They maintain protocols and know their limits.They always have clarifications for all doubts of self and others. They convince people through their actions.

दोहा : 16
सुनु माता साखामृग नहिं बल बुद्धि बिसाल।
प्रभु प्रताप तें गरुड़हि खाइ परम लघु ब्याल॥16॥

अर्थ:-हे माता! सुनो, वानरों में बहुत बल-बुद्धि नहीं होती, परंतु प्रभु के प्रताप से बहुत छोटा सर्प भी गरुड़ (एक विशाल पक्षी जिसे भगवान विष्णु का वाहन माना जाता है) को खा सकता है। (अत्यंत निर्बल भी महान् बलवान् को मार सकता है) ॥16॥

Hey mother! Listen, monkeys do not have much strength and intelligence, but due to the majesty of the Lord, even a very small snake can eat Garuda (A huge eagle type bird considered as the vehicle of Lord Vishnu). (Even a very weak person can kill a very strong person) ॥16॥

टिप्पणी: बुद्धिमान लोग कभी अति आत्मविश्वासी नहीं होते, वे अपने प्रयासों और ईश्वर की कृपा पर विश्वास करते हैं। वे हमेशा मानते हैं कि भगवान की कृपा से चमत्कार हो सकते हैं। यानी ये हमेशा आशावादी रहते हैं|

Comment: Wise people are never over-confident, they believe in own efforts and grace of almighty. They always believe that with god's grace wonders can happen. Means they are always optimistic.

चौपाई : 17
मन संतोष सुनत कपि बानी। भगति प्रताप तेज बल सानी॥
आसिष दीन्हि राम प्रिय जाना। होहु तात बल सील निधाना॥1॥

अजर अमर गुननिधि सुत होहू। करहुँ बहुत रघुनायक छोहू॥
करहुँ कृपा प्रभु अस सुनि काना। निर्भर प्रेम मगन हनुमाना॥2॥

बार बार नाएसि पद सीसा। बोला बचन जोरि कर कीसा॥
अब कृतकृत्य भयउँ मैं माता। आसिष तव अमोघ बिख्याता॥3॥

सुनहु मातु मोहि अतिसय भूखा। लागि देखि सुंदर फल रूखा॥
सुनु सुत करहिं बिपिन रखवारी। परम सुभट रजनीचर भारी॥4॥

तिन्ह कर भय माता मोहि नाहीं। जौं तुम्ह सुख मानहु मन माहीं॥5॥

अर्थ:- भक्ति, प्रताप, तेज और बल से सनी हुई हनुमान्जी की वाणी सुनकर सीताजी के मन में संतोष हुआ। उन्होंने श्री रामजी के प्रिय जानकर हनुमान्जी को आशीर्वाद दिया कि हे तात! तुम बल और शील के निधान होओ॥1॥

हे पुत्र! तुम अजर (बुढ़ापे से रहित), अमर और गुणों के खजाने होओ। श्री रघुनाथजी तुम पर बहुत कृपा करें। 'प्रभु कृपा करें' ऐसा कानों से सुनते ही हनुमान्जी पूर्ण प्रेम में मग्न हो गए॥2॥

हनुमान्जी ने बार-बार सीताजी के चरणों में सिर नवाया और फिर हाथ जोड़कर कहा- हे माता! अब मैं कृतार्थ हो गया। आपका आशीर्वाद अमोघ (अचूक) है, यह बात प्रसिद्ध है॥3॥

हे माता! सुनो; सुंदर फल वाले वृक्षों को देखकर मुझे बड़ी ही भूख लग आई है. (सीताजी ने कहा-) हे बेटा! सुनो; बड़े भारी योद्धा राक्षस इस वन की रखवाली करते हैं. ॥4॥

(हनुमान जी ने कहा-) हे माता! यदि आप मन में सुख मानें (प्रसन्न होकर) आज्ञा दें तो मुझे उनका भय तो बिलकुल नहीं है॥5॥

Sitaji felt satisfied after hearing Hanumanji's words full of devotion, majesty, brilliance and strength. Knowing him to be the favorite of Shri Ramji, she blessed Hanumanji and said, O Dear! May you be the embodiment of strength and modesty. ||1||

O son! May you be ageless (free from old age), immortal and a treasure of virtues. May Shri Raghunathji be very kind to you. As soon as Hanumanji heard this from his ears, 'May God bless you', Hanumanji became engrossed in complete love. ||2||

Hanumanji repeatedly bowed his head at the feet of Sitaji and then with folded hands said - O Mother! Now I am satisfied. It is well known that your blessings are infallible.||3||

O Mother! Listen, I am very hungry after seeing the beautiful fruit trees. (Sitaji said-) Hey son! Listen, huge warrior demons guard this forest. ll4 ll

(Hanuman ji said-) Oh mother! If you give permission with happiness in your heart, then I am not afraid of them at all. ll5 ll

टिप्पणी: जिस इंसान की वाणी भक्ति, प्रताप, तेज और बल से सनी हुई हो उस से सभी को प्रसन्नता प्राप्त होती है एवं उसको सभी आशीर्वाद देते हैं. आशीर्वाद में बहुत शक्ति होती है| बुद्धिमान व्यक्ति अपने सही कार्यों के परिणामों से नहीं डरते। वे कर्म के सिद्धांत में विश्वास करते हैं|

Comment: Everyone gets happiness from the person whose speech is filled with devotion, majesty, brilliance & strength and everyone gives him blessings. There is great power in blessings. Wise men are not afraid of repercussions of their right actions. They believe in theory of Karma.

दोहा : 17

देखि बुद्धि बल निपुन कपि कहेउ जानकीं जाहु।
रघुपति चरन हृदयँ धरि तात मधुर फल खाहु॥17॥

अर्थः- हनुमानजी को बुद्धि और बल में निपुण देखकर जानकीजी ने कहा- जाओ। हे तात! श्री रघुनाथजी के चरणों को हृदय में धारण करके मीठे फल खाओ॥17॥

Seeing Hanumanji adept in intelligence and strength, Janakiji said- Go. Oh Dear! Eat sweet fruits bowing to the feet of Shri Raghunathji in your heart. ll17 ll

टिप्पणी: केवल योग्य लोगों को ही प्रकृति और ईश्वर का विशेषाधिकार मिलता है। यानी पूरा समर्थन मिलता है किसी भी रूप में |

Comment: Only the deserving ones get privilidges of nature and god. Means full support is received in any form.

चौपाई : 18

चलेउ नाइ सिरु पैठेउ बागा। फल खाएसि तरु तोरैं लागा॥
रहे तहाँ बहु भट रखवारे। कछु मारेसि कछु जाइ पुकारे॥1॥

नाथ एक आवा कपि भारी। तेहिं असोक बाटिका उजारी॥
खाएसि फल अरु बिटप उपारे। रच्छक मर्दि मर्दि महि डारे॥2॥

सुनि रावन पठए भट नाना। तिन्हहि देखि गर्जेउ हनुमाना॥
सब रजनीचर कपि संघारे। गए पुकारत कछु अधमारे॥3॥

पुनि पठयउ तेहिं अच्छकुमारा। चला संग लै सुभट अपारा॥
आवत देखि बिटप गहि तर्जा। ताहि निपाति महाधुनि गर्जा॥4॥

अर्थ:- वे सीताजी को सिर नवाकर चले और बाग में घुस गए। फल खाए और वृक्षों को तोड़ने लगे। वहाँ बहुत से योद्धा रखवाले थे। उनमें से कुछ को मार डाला और कुछ ने जाकर रावण से पुकार की-॥1॥

(और कहा-) हे नाथ! एक बड़ा भारी बंदर आया है। उसने अशोक वाटिका उजाड़ डाली। फल खाए, वृक्षों को उखाड़ डाला और रखवालों को मसल-मसलकर जमीन पर पटक दिया॥2॥

यह सुनकर रावण ने बहुत से योद्धा भेजे। उन्हें देखकर हनुमानजी ने गर्जना की। हनुमानजी ने सब राक्षसों को मार डाला, कुछ जो अधमरे थे, चिल्लाते हुए भाग गए॥3॥

फिर रावण ने अक्षयकुमार(रावण का पुत्र) को भेजा। वह असंख्य श्रेष्ठ योद्धाओं को साथ लेकर चला। उसे आते देखकर हनुमानजी ने एक वृक्ष (हाथ में) लेकर ललकारा और उसे मारकर महाध्वनि (हनुमानजी ने बड़े जोर) से गर्जना की॥4॥

He (Hanumanji) bowed his head to Sitaji and entered the garden. Ate fruits and started plucking trees. There were many warrior guards there. Hanumanji killed some of them and some went and called out to Ravana - ||1||

(and said-) O Lord! A big heavy monkey has come. He destroyed Ashok Vatika. He ate the fruits, uprooted the trees and crushed the guards and threw them on the ground. ||2||

Hearing this, Ravana sent many warriors. Seeing them Hanumanji roared. Hanumanji killed all the demons; some who were like half dead ran away screaming. ||3||

Then Ravana sent Akshay Kumar (Ravan's son). He took with him innumerable great warriors. Seeing him coming, Hanumanji challenged him with a tree (in his hand) and after hitting him, he (Hanumanji) roared with great force. ll4 ll

दोहा : 18

कछु मारेसि कछु मर्देसि कछु मिलएसि धरि धूरि।
कछु पुनि जाइ पुकारे प्रभु मर्कट बल भूरि॥18॥

अर्थः-उन्होंने (हनुमानजी ने) सेना में से कुछ को मार डाला और कुछ को मसल डाला और कुछ को पकड़-पकड़कर धूल में मिला दिया। कुछ ने फिर जाकर रावण से पुकार की कि हे प्रभु! बंदर बहुत ही बलवान् है॥18॥

He (Hanumanji) killed some of the army, maimed some and captured some and pulverized them. Some went again to Ravan and called out, O Lord! The monkey is very strong ll18 ll

टिप्पणीः कठिन परिस्थितियों में भी एक बुद्धिमान व्यक्ति अपने स्वास्थ्य, मानसिक स्थिति को अच्छा बनाए रखेगा। ताकि जब कार्रवाई का समय हो, तो उसके पास अपनी सफलता के लिए लड़ने के लिए पर्याप्त शारीरिक और मानसिक शक्ति हो।

Comment: Even in tough situations a wise person will keep his health, mental state in good shape. So that when its action time, he has adequate physical and mental strength to fight for his success.

चौपाई : 19

सुनि सुत बध लंकेस रिसाना। पठएसि मेघनाद बलवाना॥
मारसि जनि सुत बाँधेसु ताही। देखिअ कपिहि कहाँ कर आही॥1॥

चला इंद्रजित अतुलित जोधा। बंधु निधन सुनि उपजा क्रोधा॥
कपि देखा दारुन भट आवा। कटकटाइ गर्जा अरु धावा॥2॥

अति बिसाल तरु एक उपारा। बिरथ कीन्ह लंकेस कुमारा॥
रहे महाभट ताके संगा। गहि गहि कपि मर्दई निज अंगा॥3॥

तिन्हहि निपाति ताहि सन बाजा। भिरे जुगल मानहुँ गजराजा॥
मुठिका मारि चढ़ा तरु जाई। ताहि एक छन मुरुछा आई॥4॥

उठि बहोरि कीन्हिसि बहु माया। जीति न जाइ प्रभंजन जाया॥5॥

अर्थ:- पुत्र का वध सुनकर रावण क्रोधित हो उठा और उसने (अपने सबसे बड़े पुत्र) बलवान् मेघनाद को भेजा। (उससे कहा कि-) हे पुत्र! मारना नहीं उसे बाँध लाना। उस बंदर को देखा जाए कि कहाँ का है॥1॥

इंद्र को जीतने वाला अतुलनीय योद्धा मेघनाद चला। भाई का मारा जाना सुन उसे क्रोध हो आया। हनुमान्जी ने देखा कि अबकी भयानक योद्धा आया है। तब वे कटकटाकर गर्जे और दौड़े॥2॥

उन्होंने एक बहुत बड़ा वृक्ष उखाड़ लिया और (उसके प्रहार से) लंकेश्वर रावण के पुत्र मेघनाद को बिना रथ का कर दिया। (रथ को तोड़कर उसे नीचे पटक दिया)। उसके साथ जो बड़े-बड़े योद्धा थे, उनको पकड़-पकड़कर हनुमानजी अपने शरीर से मसलने लगे॥3॥

उन सबको मारकर फिर मेघनाद से लड़ने लगे। (लड़ते हुए वे ऐसे मालूम होते थे) मानो दो गजराज (श्रेष्ठ हाथी) भिड़ गए हों। हनुमान्जी उसे एक घूँसा मारकर वृक्ष पर जा चढ़े। उस मेघनाद को क्षणभर के लिए मूर्च्छा आ गई॥4॥

फिर उठकर उस मेघनाद ने बहुत माया रची, परंतु पवन के पुत्र हनुमान्जी उससे जीते नहीं जाते॥5॥

Hearing the killing of his son, Ravana became angry and sent (his eldest son) the strong Meghnad. (Told him that-) O son! Don't kill him, tie him up. Let us see where that monkey is from. ||1 ll

Meghnad, the incomparable warrior who defeated Indra, came. He became angry after hearing that his brother was killed. Hanumanji saw that this time a terrible warrior has come. Then he roared loudly and ran ll2 ll

He (Hanumanji) uprooted a very big tree and (with its blow) made Meghnad, son of Lankeshwar Ravana, without his chariot. (Breaking the chariot and throwing it down). Hanumanji caught hold of the big warriors who were with Meghnad and started crushing them with his body. ||3||

After killing them all, he started fighting with Meghnad. (While fighting, they looked as if two elephants had clashed). Hanumanji punched Meghnad and climbed the tree. He (Meghnad) became unconscious for a moment. ll4 ll

Then he (Meghnad) woke up and created a lot of illusion, but was not able to win over him (the son of Pawan Hanumanji). ll5 ll

टिप्पणी: जब कार्रवाई का समय हो, तो बिना डरे, पूरे आत्मविश्वास और ज्ञान के साथ, बुद्धि के साथ कार्य करें| उद्देश्य के प्रति केंद्रित और प्रतिबद्ध रहें। जो भी स्थिति हो डटे रहो |

Comment: When its action time, act without fear, with full confidence and knowledge, with wit & wisdom, with full strength. Remain focused and committed towards cause. Whatever the situation is, remain standing.

दोहा : 19
ब्रह्म अस्त्र तेहि साँधा कपि मन कीन्ह बिचार।
जौं न ब्रह्मसर मानउँ महिमा मिटइ अपार॥19॥

अर्थ:- अंत में उसने (मेघनाद) ब्रह्मास्त्र का संधान (प्रयोग) किया, तब हनुमानजी ने मन में विचार किया कि यदि ब्रह्मास्त्र को नहीं मानता हूँ तो उसकी अपार महिमा मिट जाएगी॥19॥

At last he (Meghnad) used the Brahmastra and then Hanumanji thought in his mind that if he does not obey the Brahmastra then its immense glory will be lost.||19||

टिप्पणी: बुद्धिमान व्यक्ति विनम्र रहता है, वह दूसरों की ताकत और क्षमता का सम्मान करता है, शांत और सतर्क रहता है।

Comment: Wise person remains humble, he respects the strength & capability of others and he remains cool and alert.

चौपाई : 20
ब्रह्मबान कपि कहुँ तेहिं मारा। परतिहुँ बार कटकु संघारा॥
तेहिं देखा कपि मुरुछित भयऊ। नागपास बाँधेसि लै गयऊ॥1॥

जासु नाम जपि सुनहु भवानी। भव बंधन काटहिं नर ग्यानी॥
तासु दूत कि बंध तरु आवा। प्रभु कारज लगि कपिहिं बँधावा॥2॥

कपि बंधन सुनि निसिचर धाए। कौतुक लागि सभाँ सब आए॥
दसमुख सभा दीखि कपि जाई। कहि न जाइ कछु अति प्रभुताई॥3॥

कर जोरें सुर दिसिप बिनीता। भृकुटि बिलोकत सकल सभीता॥
देखि प्रताप न कपि मन संका। जिमि अहिगन महुँ गरुड़ असंका॥4॥

अर्थ:- उसने हनुमानजी को ब्रह्मबाण मारा, (जिसके लगते ही हनुमानजी वृक्ष से नीचे गिर पड़े), परंतु गिरते समय भी हनुमानजी ने बहुत सी सेना मार डाली। जब उसने देखा कि हनुमानजी मूर्छित हो गए हैं, तब वह उनको नागपाश से बाँधकर ले गया॥1॥

(शिवजी कहते हैं-) हे भवानी सुनो, जिनका नाम जपकर ज्ञानी (विवेकी) मनुष्य संसार (जन्म-मरण) के बंधन को काट डालते हैं, उनका दूत कहीं

बंधन में आ सकता है? किंतु प्रभु के कार्य के लिए हनुमानजी ने स्वयं अपने को बँधा लिया॥2॥

बंदर का बाँधा जाना सुनकर राक्षस दौड़े और कौतुक के लिए (तमाशा देखने के लिए) सब सभा में आए। हनुमान्जी ने जाकर रावण की सभा देखी। उसकी अत्यंत प्रभुता (ऐश्वर्य) कुछ कही नहीं जाती॥3॥

देवता और दिक्पाल हाथ जोड़े बड़ी नम्रता के साथ भयभीत हुए सब रावण की भौं ताक रहे हैं। (उसका रुख देख रहे हैं) उसका ऐसा प्रताप देखकर भी हनुमान्जी के मन में जरा भी डर नहीं हुआ। वे ऐसे निःशंख खड़े रहे, जैसे सर्पों के समूह में गरुड़ निःशंख निर्भय) रहते हैं॥4॥

He (Meghnad) shot Brahma's arrow at Hanumanji (as soon as it hit him he fell down from the tree), but even while falling Hanumanji killed a large number of the army. When Meghnad saw that Hanumanji had become unconscious, he tied him with a snake knot and took him away. ||1||

(Shivji says -) O Bhavani, listen, by chanting whose name wise people can cut the bondage of the world (birth and death). Can his messenger come into bondage somewhere? But for the work of the Lord, Hanumanji got himself tied. ||2||

Hearing the monkey being tied, the demons ran and everyone came to the gathering out of curiosity (to see the scene). Hanumanji went and saw Ravana's meeting hall. Nothing can be said about his immense supremacy.||3 ll

The Gods and demigods, with folded hands, are all looking at Ravana in fear with great humility (Looking at his attitude). Even after seeing such majesty, Hanumanji did not feel any fear in his mind. He stood fearless, just as Garuda (giant eagle like bird) stands fearless in a group of snakes. ll4 ll

दोहा : 20

कपिहि बिलोकि दसानन बिहसा कहि दुर्बाद।
सुत बध सुरति कीन्हि पुनि उपजा हृदयँ बिसाद॥20॥

अर्थ:- हनुमानजी को देखकर रावण दुर्वचन कहता हुआ खूब हँसा। फिर पुत्र वध का स्मरण किया तो उसके हृदय में विषाद उत्पन्न हो गया॥20॥

Seeing Hanumanji, Ravana laughed a lot while uttering bad words. Then when he remembered the murder of his son, sadness arose in his heart.||20||

टिप्पणी: कार्य को पूरा करने के लिए जो भी करना पड़े, करें, भले ही सफल होने के लिए थोड़ा कष्ट सहना पड़े। लोगों की नकारात्मक बातों की परवाह न करें क्योंकि उन्हें आपके प्रयासों से ईर्ष्या हो सकती है। अगर लोग आपका मजाक बना रहे हैं तो इसकी परवाह न करें।

Comment: To accomplish the task, give whatever it takes even if it means suffering a bit to succeed. Do not care about negative talks of people as they might envy your efforts. Dont care if people are making a joke of you.

चौपाई : 21

कह लंकेस कवन तैं कीसा। केहि कें बल घालेहि बन खीसा॥
की धौं श्रवन सुनेहि नहिं मोही। देखउँ अति असंक सठ तोही॥1॥

मारे निसिचर केहिं अपराधा। कहु सठ तोहि न प्रान कइ बाधा॥
सुनु रावन ब्रह्मांड निकाया। पाइ जासु बल बिरचति माया॥2॥

जाकें बल बिरंचि हरि ईसा। पालत सृजत हरत दससीसा॥
जा बल सीस धरत सहसानन। अंडकोस समेत गिरि कानन॥3॥

धरइ जो बिबिध देह सुरत्राता। तुम्ह से सठन्ह सिखावनु दाता॥
हर कोदंड कठिन जेहिं भंजा। तेहि समेत नृप दल मद गंजा॥4॥

खर दूषन त्रिसिरा अरु बाली। बधे सकल अतुलित बलसाली॥5॥

अर्थ:- लंकापति रावण ने कहा- रे वानर! तू कौन है? किसके बल पर तूने वन को उजाड़कर नष्ट कर डाला? क्या तूने कभी मुझे (मेरा नाम और यश) कानों से नहीं सुना? रे शठ! मैं तुझे अत्यंत निःशंख देख रहा हूँ॥1॥

तूने किस अपराध से राक्षसों को मारा? रे मूर्ख! बता, क्या तुझे प्राण जाने का भय नहीं है? (हनुमान्जी ने कहा-) हे रावण! सुन, जिनका बल पाकर माया संपूर्ण ब्रह्मांडों के समूहों की रचना करती है, ॥2॥

जिनके बल से हे दशशीश! ब्रह्मा, विष्णु, महेश (क्रमशः) सृष्टि का सृजन, पालन और संहार करते हैं, जिनके बल से सहस्रमुख (फणों) वाले शेषजी पर्वत और वनसहित समस्त ब्रह्मांड को सिर पर धारण करते हैं, ॥3॥

जो देवताओं की रक्षा के लिए नाना प्रकार की देह धारण करते हैं और जो तुम्हारे जैसे मूर्खों को शिक्षा देने वाले हैं, जिन्होंने शिवजी के कठोर धनुष को तोड़ डाला और उसी के साथ राजाओं के समूह का गर्व चूर्ण कर दिया॥4॥

जिन्होंने खर, दूषण, त्रिशिरा और बालि को मार डाला, जो सब के सब अतुलनीय बलवान् थे, ॥5॥

Ravana, the king of Lanka, said – Oh monkey! Who are you? On whose support did you destroy the forest? Have you never heard about me (my name and fame) with your ears? Hey naughty! I am seeing you very fearless.||1 ||

For what crime did you kill the demons? You fool! Tell me, aren't you afraid of losing your life? (Hanumanji said-) Oh Ravana! Listen, by whose power illusionary power creates groups of entire universes||2||

With whose power O Dashashish (Ten headed)! Brahma, Vishnu, Mahesh (respectively) create, maintain and destroy the universe, with the power of which the thousand-headed Sheshji holds the entire universe including the mountains and forests on his head, ||3 ||

He, who does various things to protect the gods, who assumes the different forms, who is the one who teaches fools like you, who broke the hard bow (unbreakable) of Lord Shiva and with it shattered the pride of a group of kings. ||4||

He, who killed Khar, Dushan, Trishira and Bali (Demons), all of whom were incomparably strong, ||5||

टिप्पणी: एक बुद्धिमान व्यक्ति के पास सभी सवालों के उचित उत्तर होते हैं, वह कठिन परिस्थितियों या प्रतिस्पर्धा या किसी भी बहस का सामना करने में आत्मविश्वास रखता है।

Comment: A wise man has befitting replies of all the questions, he is confident in tough situations or facing competition or any debate.

दोहा : 21
जाके बल लवलेस तें जितेहु चराचर झारी।
तास दूत मैं जा करि हरि आनेहु प्रिय नारि॥21॥

अर्थ:- जिनके लेशमात्र बल से तुमने समस्त चराचर जगत् को जीत लिया और जिनकी प्रिय पत्नी को तुम (चोरी से) हर लाए हो, मैं उन्हीं का दूत हूँ॥21॥

With whose slightest force you have conquered the entire living world and whose beloved wife you have taken away (kidnapped); I am his messenger. ||21||

टिप्पणी: वह हमेशा वास्तविकताओं से अच्छी तरह वाकिफ होता है और अपने काम के बारे में अपने दिमाग में स्पष्ट होता है।

Comment: He is always well versed with the realities and clear in his mind.

चौपाई : 22

जानउँ मैं तुम्हारि प्रभुताई। सहसबाहु सन परी लराई॥
समर बालि सन करि जसु पावा। सुनि कपि बचन बिहसि बिहरावा॥1॥

खायउँ फल प्रभु लागी भूँखा। कपि सुभाव तें तोरेउँ रूखा॥
सब कें देह परम प्रिय स्वामी। मारहिं मोहि कुमारग गामी॥2॥

जिन्ह मोहि मारा ते मैं मारे। तेहि पर बाँधेउँ तनयँ तुम्हारे॥
मोहि न कछु बाँधे कइ लाजा। कीन्ह चहउँ निज प्रभु कर काजा॥3॥

बिनती करउँ जोरि कर रावन। सुनहु मान तजि मोर सिखावन॥
देखहु तुम्ह निज कुलहि बिचारी। भ्रम तजि भजहु भगत भय हारी॥4॥

जाकें डर अति काल डेराई। जो सुर असुर चराचर खाई॥
तासों बयरु कबहुँ नहिं कीजै। मोरे कहें जानकी दीजै॥5॥

अर्थ:- मैं (हनुमानजी ने कहा) तुम्हारी (रावण की) प्रभुता को खूब जानता हूँ सहस्रबाहु से तुम्हारी लड़ाई हुई थी और बालि से युद्ध करके तुमने यश प्राप्त किया था। हनुमान्‌जी के (मार्मिक) वचन सुनकर रावण ने हँसकर बात टाल दी॥1॥

हे (राक्षसों के) स्वामी मुझे भूख लगी थी, (इसलिए) मैंने फल खाए और वानर स्वभाव के कारण वृक्ष तोड़े। हे (निशाचरों के) मालिक! देह सबको परम प्रिय है। कुमार्ग पर चलने वाले (दुष्ट) राक्षस जब मुझे मारने लगे॥2।।

तब जिन्होंने मुझे मारा, उनको मैंने भी मारा। उस पर तुम्हारे पुत्र ने मुझको बाँध लिया (किंतु), मुझे अपने बाँधे जाने की कुछ भी लज्जा नहीं है। मैं तो अपने प्रभु का कार्य करना चाहता हूँ॥3॥

हे रावण! मैं हाथ जोड़कर तुमसे विनती करता हूँ, तुम अभिमान छोड़कर मेरी सीख सुनो। तुम अपने पवित्र कुल का विचार करके देखो और भ्रम को छोड़कर भक्त भयहारी भगवान् को भजो॥4॥

जो देवता, राक्षस और समस्त चराचर को खा जाता है, वह काल भी जिनके डर से अत्यंत डरता है, उनसे कदापि वैर न करो और मेरे कहने से जानकीजी को दे दो॥5॥

I (Hanumanji said) know your (Ravan's) greatness very well, you had a fight with Sahasrabahu (a demon with 1000 hands) and you gained fame by fighting with Bali. Hearing the (poignant) words of Hanumanji, Ravana laughed and avoided the matter. ||1||

O Lord (of the demons), I was hungry, (therefore) I ate fruits and because of my monkey nature broke trees. O Lord (of the nocturnals)! Body is very dear to everyone. When the (evil) demons following the evil path started hurting me,||2||

Then I also hit those who tried to hurt me. Thereupon your son tied me (but), I am not ashamed of being tied. I want to accomplish the work of my Lord ll3 ll

Oh Ravana! I request you with folded hands leave your pride and listen to my saying. You should think about your sacred family and leave aside all illusions (of pride) and worship the God who makes his devotee fearless. ||4||.

Do not ever have enmity with the one who ends gods, demons and all living beings, and whom even Kaal (bad time) is extremely afraid of, and as per my advice, Give Janakiji it him ll5 ll

टिप्पणी: एक बुद्धिमान व्यक्ति हमेशा दूसरे की सफलता की सराहना करता है, सच बोलता है, उचित तर्क रखता है, अपने लक्ष्य के बारे में स्पष्ट होता है, निडर होता है और फिर भी अपने दिल में प्रतिकूल परिस्थितियों में भी सभी के लाभ के बारे में सोचता है।

Comment: A wise man always appreciates other's success, speaks the truth, has proper reasoning, clear about his aim, fearless and yet thinking about benefit of all in adversities in his heart.

दोहा : 22

प्रनतपाल रघुनायक करुना सिंधु खरारि।
गएँ सरन प्रभु राखिहैं तव अपराध बिसारि॥22॥

अर्थ:- **(हनुमानजी ने रावण से कहा)** खर के शत्रु श्री रघुनाथजी शरणागतों के रक्षक और दया के समुद्र हैं। शरण जाने पर प्रभु तुम्हारा अपराध भुलाकर तुम्हें अपनी शरण में रख लेंगे॥22॥

(Hanumanji said to Ravan) Shri Raghunathji, the enemy of Khar, is the protector of those who take refuge and is an ocean of mercy. When you seek refuge, God will forget your crime and take you under his protection.॥22॥

टिप्पणी: वह हमेशा वही बात करेगा जो दूसरों को समझ में आए और उनके फायदे के लिए हो। यानी वह बेतुकी बातों से बचते हैं।

Comment: He will always talk what makes sense to others and for their benefit. Means he avoids nonsensical talks.

चौपाई : 23

राम चरन पंकज उर धरहू। लंका अचल राजु तुम्ह करहू॥
रिषि पुलस्ति जसु बिमल मयंका। तेहि ससि महुँ जनि होहु कलंका॥1॥

राम नाम बिनु गिरा न सोहा। देखु बिचारि त्यागि मद मोहा॥
बसन हीन नहिं सोह सुरारी। सब भूषन भूषित बर नारी॥2॥

राम बिमुख संपति प्रभुताई। जाइ रही पाई बिनु पाई॥
सजल मूल जिन्ह सरितन्ह नाहीं। बरषि गएँ पुनि तबहिं सुखाहीं॥3॥

सुनु दसकंठ कहउँ पन रोपी। बिमुख राम त्राता नहिं कोपी॥
संकर सहस बिष्नु अज तोही। सकहिं न राखि राम कर द्रोही॥4॥

अर्थ:- तुम श्री रामजी के चरण कमलों को हृदय में धारण करो और लंका का अचल राज्य करो। ऋषि पुलस्त्यजी का (रावण के पूर्वज) यश निर्मल चंद्रमा के समान है। उस चंद्रमा में तुम कलंक न बनो॥1॥

राम नाम के बिना वाणी शोभा नहीं पाती, मद-मोह को छोड़, विचारकर देखो। हे देवताओं के शत्रु! सब गहनों से सजी हुई सुंदरी स्त्री भी कपड़ों के बिना (नंगी) शोभा नहीं पाती॥2॥

रामविमुख पुरुष की संपत्ति और प्रभुता रही हुई भी चली जाती है और उसका पाना न पाने के समान है। जिन नदियों के मूल में कोई जलस्रोत नहीं है। (अर्थात् जिन्हें केवल बरसात ही आसरा है) वे वर्षा बीत जाने पर फिर तुरंत ही सूख जाती हैं॥3॥

हे रावण! सुनो, मैं प्रतिज्ञा करके कहता हूँ कि रामविमुख की रक्षा करने वाला कोई भी नहीं है। हजारों शंकर, विष्णु और ब्रह्मा भी श्री रामजी के साथ द्रोह करने वाले तुमको नहीं बचा सकते॥4॥

You concentrate on the lotus feet of Shri Ramji in your heart and rule over Lanka unshakably. The fame of sage Pulastyaji (ancestor of ravan) is like the clear moon. You should not become a stain on that moon. ll1 ll

Without the name of Ram, speech is not appropriate, leave aside the ego and attachment, and think carefully. O enemy of the gods! Even a beautiful woman adorned with all the jewelry is not able to look good without clothes (naked) ll2 ll

The property and dominance of a man who is hostile to Ram goes away, and getting it is like not getting it. Rivers which have no water source in their origin. (That is, those who depend on the rain) they dry up immediately after the rain passes.||3 ll

O Ravana! Listen, I promise that there is no one to protect him who is against Ram. Even thousands of Shankars (God of Rebirth), Vishnu (God of management of universe) and Brahma (God of creation) cannot save you who is betraying Shri Ramji .||4 ll

दोहा : 23

मोहमूल बहु सूल प्रद त्यागहु तम अभिमान।
भजहु राम रघुनायक कृपा सिंधु भगवान॥23॥

अर्थ:- मोह ही जिनका मूल है ऐसे (अज्ञानजनित), बहुत पीड़ा देने वाले, तमरूप अभिमान का त्याग कर दो और रघुकुल के स्वामी, कृपा के समुद्र भगवान् श्री रामचंद्रजी का भजन करो॥23॥

(Hanumanji telling Ravan) Give up the shady pride, the root of which is attachment (born from ignorance) that causes a lot of pain and (suggesting) worship Lord Shri Ramchandraji, the Lord of Raghukul, the ocean of grace. ॥23॥

टिप्पणी: जो सही, नैतिक, व्यावहारिक और लाभकारी है उसे कहना ही बुद्धिमान व्यक्ति का लक्षण है। दुष्कर्मों के परिणामों के प्रति पूर्व-चेतावनी लोगों को सही रास्ते पर चलने के लिए शिक्षित करने का उनका तरीका है।

Comment: Saying what is right, ethical, practical and beneficial is the trait of a wise man. Fore-warning against the results of misdeeds is his way of educating people to follow the right path.

चौपाई : 24

जदपि कही कपि अति हित बानी। भगति बिबेक बिरति नय सानी॥
बोला बिहसि महा अभिमानी। मिला हमहि कपि गुर बड़ ग्यानी॥1॥

मृत्यु निकट आई खल तोही। लागेसि अधम सिखावन मोही॥
उलटा होइहि कह हनुमाना। मतिभ्रम तोर प्रगट मैं जाना॥2॥

सुनि कपि बचन बहुत खिसिआना। बेगि न हरहु मूढ़ कर प्राना॥
सुनत निसाचर मारन धाए। सचिवन्ह सहित बिभीषनु आए॥3॥

नाइ सीस करि बिनय बहूता। नीति बिरोध न मारिअ दूता॥
आन दंड कछु करिअ गोसाँई। सबहीं कहा मंत्र भल भाई॥4॥

सुनत बिहसि बोला दसकंधर। अंग भंग करि पठइअ बंदर॥5॥

अर्थ:- यद्यपि हनुमान्जी ने भक्ति, ज्ञान, वैराग्य और नीति से सनी हुई बहुत ही हित की वाणी कही, तो भी वह महान् अभिमानी रावण बहुत हँसकर (व्यंग्य से) बोला कि हमें यह बंदर बड़ा ज्ञानी गुरु मिला!॥1॥

रे दुष्ट! तेरी मृत्यु निकट आ गई है। अधम! मुझे शिक्षा देने चला है। हनुमान्‌जी ने कहा- इससे उलटा ही होगा (अर्थात् मृत्यु तेरी निकट आई है, मेरी नहीं)। यह तेरा मतिभ्रम (बुद्धि का फेर) है, मैंने प्रत्यक्ष जान लिया है॥2॥

हनुमान्‌जी के वचन सुनकर वह बहुत ही कुपित हो गया। (और बोला-) अरे! इस मूर्ख का प्राण शीघ्र ही क्यों नहीं हर लेते? सुनते ही राक्षस उन्हें मारने दौड़े उसी समय मंत्रियों के साथ विभीषणजी वहाँ आ पहुँचे॥3॥

उन्होंने सिर नवाकर और बहुत विनय करके रावण से कहा कि दूत को मारना नहीं चाहिए, यह नीति के विरुद्ध है। हे गोसाईं। कोई दूसरा दंड दिया जाए। सबने कहा- भाई! यह सलाह उत्तम है॥4॥

यह सुनते ही रावण हँसकर बोला- अच्छा तो, बंदर को अंग-भंग करके भेज (लौटा) दिया जाए॥5॥

Although Hanumanji spoke very beneficial words full of devotion, knowledge, renunciation and morality, still that great arrogant Ravana said laughingly (sarcastically) that we have found this monkey, a very knowledgeable teacher! ll1ll

(Ravana said) Oh wicked! Your death is near. Wretched! has come to teach me. Hanumanji said – The opposite will happen (meaning death has come near you, not me). This is your hallucination; I have come to know clearly now.|| 2 ll

Hearing Hanumanji's words, he became very angry. (And said to his guards-) Hey! Why don't you take this fool's life soon? As soon as the demons heard this, they ran to kill him. At the same time, Vibhishanji reached there along with his ministers. ||3||.

He bowed his head and with great humility told Ravana that the messenger should not be killed, it is against the ethics. Hey Gosain (Lord), some other punishment should be given. Everyone said- Brother! This advice is excellent. ||4 ll

On hearing this, Ravana laughed and said - Well, let the monkey be mutilated and sent back ll 5 ll

टिप्पणी: ज्ञान एक ऐसा खजाना है जिसे निम्न स्तर के व्यक्ति से भी प्राप्त किया जा सकता है। यानि हमें हमेशा सभी के ज्ञान और अनुभव का सम्मान करना चाहिए। अति आत्मविश्वास हमेशा घातक होता है। अहंकार सदैव पतन की ओर ले जाता है। लेकिन नैतिकता और सिद्धांतों पर टिके रहने से लंबे समय तक लाभ मिलता है |

Comment: Knowledge is a treasure that can be gained from even the one who is of low status. Means we should always respect the knowledge and experience of everyone. Over confidence is always fatal. Pride always leads to downfall. But sticking to ethics and principals is what pays for long.

दोहा : 24

कपि कें ममता पूँछ पर सबहि कहउँ समुझाइ।
तेल बोरि पट बाँधि पुनि पावक देहु लगाइ॥24॥

अर्थ:- मैं (रावण ने कहा) सबको समझाकर कहता हूँ कि बंदर की ममता पूँछ पर होती है। अतः तेल में कपड़ा डुबोकर उसे इसकी पूँछ में बाँधकर फिर आग लगा दो॥24॥

I (Ravana said) explain to everyone that a monkey loves his tail. Therefore, dip a cloth in oil, tie it around his tail and then set it on fire.||24 ll

टिप्पणी: दुश्मन को कभी छोटा न समझें | परिणामों का उचित निर्णय किए बिना कोई भी कदम न उठाएं।

Comment: Never underestimate the enemy. Don't take any step without proper judgement of repercussions.

चौपाई : 25

पूँछहीन बानर तहँ जाइहि। तब सठ निज नाथहि लइ आइहि॥
जिन्ह कै कीन्हिसि बहुत बड़ाई। देखउ मैं तिन्ह कै प्रभुताई॥1॥

बचन सुनत कपि मन मुसुकाना। भइ सहाय सारद मैं जाना॥
जातुधान सुनि रावन बचना। लागे रचैं मूढ़ सोइ रचना॥2॥

रहा न नगर बसन घृत तेला। बाढ़ी पूँछ कीन्ह कपि खेला॥
कौतुक कहँ आए पुरबासी। मारहिं चरन करहिं बहु हाँसी॥3॥

बाजहिं ढोल देहिं सब तारी। नगर फेरि पुनि पूँछ प्रजारी॥
पावक जरत देखि हनुमंता। भयउ परम लघुरूप तुरंता॥4॥

निबुकि चढ़ेउ कपि कनक अटारीं। भईं सभीत निसाचर नारीं॥5॥

अर्थ:- जब बिना पूँछ का यह बंदर वहाँ (अपने स्वामी के पास) जाएगा, तब यह मूर्ख अपने मालिक को साथ ले आएगा। जिनकी इसने बहुत बड़ाई की है, मैं जरा उनकी प्रभुता (सामर्थ्य) तो देखूँ!॥1॥

रावण का यह वचन सुनते ही हनुमान्जी मन में मुस्कुराए (और मन ही मन बोले कि) मैं जान गया, सरस्वतीजी (इसे ऐसी बुद्धि देने में) सहायक हुई हैं। रावण के वचन सुनकर मूर्ख राक्षस वही (पूँछ में आग लगाने की) तैयारी करने लगे॥2॥

(पूँछ के लपेटने में इतना कपड़ा और घी-तेल लगा कि) नगर में कपड़ा, घी और तेल नहीं रह गया। हनुमान्जी ने ऐसा खेल किया कि पूँछ बढ़ गई (लंबी हो गई)। नगरवासी लोग तमाशा देखने आए। वे हनुमान्जी (की अत्यंत बढ़ी पूँछ) को पैर से ठोकर मारते हैं और उनकी हँसी करते हैं॥3॥

ढोल बजते हैं, सब लोग तालियाँ पीटते हैं। हनुमान्जी को नगर में फिराकर, फिर पूँछ में आग लगा दी। अग्नि को जलते हुए देखकर हनुमान्जी तुरंत ही बहुत छोटे रूप में हो गए॥4॥

बंधन से निकलकर वे सोने की अटारियों पर जा चढ़े। उनको देखकर राक्षसों की स्त्रियाँ भयभीत हो गईं॥5॥

When this tailless monkey returns (to his master), then this fool will bring his master along with him. Let me just see the supremacy (power) of those whom he has praised so much! II1 II

On hearing these words of Ravan, Hanumanji smiled in his mind (and said in his mind that) I know that Saraswati ji (Goddess of Intellect) has helped me (by giving him such an idea). Hearing Ravana's words, the foolish demons started making the same preparations (to set the tail on fire) II2 II

(So much cloth and oil were used to wrap the tail that) there was no cloth, ghee and oil left in the city. Hanumanji played in such a way that the tail grew (became long). The citizens came to watch the show. They kick Hanumanji's (extremely long tail) and make fun of him. ||3||

Drums are being played and everyone claps. Hanumanji was paraded around the city and then his tail was set on fire. Seeing the fire burning, Hanumanji immediately became very small. ||4||

Coming out of the bondage, he climbed the golden attic. Seeing him the women of the demons became frightened. II5 II

टिप्पणी: बुद्धिमान व्यक्ति हमेशा कोई विशेष कदम उठाने से पहले सभी फायदे और नुकसान की गणना करता है, संभावित परिणाम से अच्छी तरह वाकिफ होता है। वह कभी भी किसी भी चीज़ को हल्के में नहीं लेते। वह अपनी बुद्धि और तर्कसंगत सोच का उपयोग करके छुपे हुए आशीर्वाद भी ढूंढ लेता है। वह अपने उद्देश्य के लिए हर अवसर का उपयोग करता है और प्रतिकूल परिस्थितियों को अपने समर्थन में बदल लेता है।

Comment: The wise man always calculates all pros and cons before taking a particular step, is well aware of the probable result. He never takes anything lightly. He finds blessings in disguise using his intelligence and rational thinking. He uses every opportunity for his cause and turns adversities in his support.

दोहा : 25
हरि प्रेरित तेहि अवसर चले मरुत उनचास।
अट्टहास करि गर्जा कपि बढ़ि लाग अकास॥25॥

अर्थ:- उस समय भगवान् की प्रेरणा से उनचासों पवन चलने लगे। हनुमान्जी अट्टहास करके गर्जे और बढ़कर आकाश से जा लगे॥25॥

At that time, with the inspiration of God, forty-nine types of winds started blowing. Hanumanji roared with laughter and soared into the sky॥25॥

टिप्पणी: जो खुद की मदद करता है उसकी मदद भगवान भी करते है।

Comment: God helps those who help themselves.

चौपाई : 26

देह बिसाल परम हरुआई। मंदिर तें मंदिर चढ़ धाई॥
जरइ नगर भा लोग बिहाला। झपट लपट बहु कोटि कराला॥1॥

तात मातु हा सुनिअ पुकारा। एहिं अवसर को हमहि उबारा॥
हम जो कहा यह कपि नहिं होई। बानर रूप धरें सुर कोई॥2॥

साधु अवग्या कर फलु ऐसा। जरइ नगर अनाथ कर जैसा॥
जारा नगरु निमिष एक माहीं। एक बिभीषन कर गृह नाहीं॥3॥

ताकर दूत अनल जेहिं सिरिजा। जरा न सो तेहि कारन गिरिजा॥
उलटि पलटि लंका सब जारी। कूदि परा पुनि सिंधु मझारी॥4॥

अर्थ:- देह बड़ी विशाल, परंतु बहुत ही हल्की (फुर्तीली) है। वे दौड़कर एक महल से दूसरे महल पर चढ़ जाते हैं। नगर जल रहा है लोग बेहाल हो गए हैं। आग की करोड़ों भयंकर लपटें झपट रही हैं॥1॥

हाय बप्पा! हाय मैया! इस अवसर पर हमें कौन बचाएगा? (चारों ओर) यही पुकार सुनाई पड़ रही है। हमने तो पहले ही कहा था कि यह वानर नहीं है, वानर का रूप धरे कोई देवता है!॥2॥

साधु के अपमान का यह फल है कि नगर, अनाथ के नगर की तरह जल रहा है। हनुमान्जी ने एक ही क्षण में सारा नगर जला डाला। एक विभीषण का घर नहीं जलाया॥3॥

(शिवजी कहते हैं-) हे पार्वती! जिन्होंने अग्नि को बनाया, हनुमान्जी उन्हीं के दूत हैं। इसी कारण वे अग्नि से नहीं जले। हनुमान्जी ने उलट-पलटकर (एक ओर से दूसरी ओर तक) सारी लंका जला दी। फिर वे समुद्र में कूद पड़े॥4||

The body is very big, but very light (agile).He (Hanumanji) runs and climbs from one palace to another. The city is burning and people are in distress. Crores of fierce flames of fire are rushing ll1 ll

Oh father! Hai mother! Who will save us on this occasion? This noise is being heard (all around). We had already warned that this is not a monkey; it is some god in the form of a monkey! ll2 ll

The result of this monk's insult is that the city is burning like an orphan's city. Hanumanji burnt the entire city in a single moment except Vibhishana's house.||3 ll

(Shivji says-) O Parvati! Hanumanji is the messenger of the one who created fire. That is why he did not burn in the fire. Hanumanji burnt the whole of Lanka by turning back and forth (from one side to the other). Then he jumped into the sea ll4||

टिप्पणी: स्वयं पर विश्वास और ईश्वर की सहायता से कोई भी व्यक्ति कठिन कार्य भी सफलता से कर सकता है। कभी-कभी, कुछ लोग इसे दूसरे तरीके से ले सकते हैं, लेकिन यह उनका दृष्टिकोण है| किसी श्रेष्ठ व्यक्ति की सलाह को कभी भी नजरअंदाज नहीं करना चाहिए और न ही कभी उनका अहित करना चाहिए। व्यक्ति को सभी प्रकार के बुरे कार्यों से बचना चाहिए अन्यथा बदले में बुरे शाप का सामना करना पड़ता है।

Comment: Having faith in self and help of god, anyone can perform tough tasks with success. Sometimes, some people might take it the other way, but it is their perspective. One should never ignore advice of a noble person and never should harm them. One should avoid all type of bad doings else resulting in bad curses in return.

दोहा : 26
पूँछ बुझाइ खोइ श्रम धरि लघु रूप बहोरि।
जनकसुता कें आगें ठाढ़ भयउ कर जोरि॥26॥

अर्थ:- पूँछ बुझाकर, थकावट दूर करके और फिर छोटा सा रूप धारण कर हनुमान्जी श्री जानकीजी के सामने हाथ जोड़कर जा खड़े हुए॥26॥

After extinguishing his burning tail, removing his tiredness and then assuming a small form, Hanumanji went and stood in front of Shri Janakiji with folded hands. ॥26॥

चौपाई : 27
मातु मोहि दीजे कछु चीन्हा। जैसें रघुनायक मोहि दीन्हा॥
चूड़ामनि उतारि तब दयऊ। हरष समेत पवनसुत लयऊ॥1॥

कहेहु तात अस मोर प्रनामा। सब प्रकार प्रभु पूरनकामा॥
दीन दयाल बिरिदु संभारी। हरहु नाथ सम संकट भारी॥2॥

तात सक्रसुत कथा सनाएहु। बान प्रताप प्रभुहि समुझाएहु॥
मास दिवस महुँ नाथु न आवा। तौ पुनि मोहि जिअत नहिं पावा॥3॥

कहु कपि केहि बिधि राखौं प्राना। तुम्हहू तात कहत अब जाना ॥

तोहि देखि सीतलि भइ छाती। पुनि मो कहुँ सोइ दिनु सो राती ॥4॥

अर्थ:- (हनुमान्जी ने कहा-) हे माता! मुझे कोई चिह्न (पहचान) दीजिए, जैसे श्री रघुनाथजी ने मुझे दिया था। तब सीताजी ने चूड़ामणि उतारकर दी। हनुमान्जी ने उसको हर्षपूर्वक ले लिया॥1॥

(जानकीजी ने कहा-) हे तात! मेरा प्रणाम निवेदन करना और इस प्रकार कहना- हे प्रभु! यद्यपि आप सब प्रकार से पूर्ण काम हैं (आपको किसी प्रकार

की कामना नहीं है), तथापि दीनों (दुःखियों) पर दया करना आपका विरद (प्रसिद्धि) है (और मैं दीन हूँ) अतः उस विरद को याद करके, हे नाथ! मेरे भारी संकट को दूर कीजिए॥2॥

हे तात! इंद्रपुत्र जयंत की कथा (घटना) सुनाना और प्रभु को उनके बाण का प्रताप समझाना (स्मरण कराना)। यदि महीने भर में नाथ न आए तो फिर मुझे जीती न पाएँगे॥3॥

हे हनुमान! कहो, मैं किस प्रकार प्राण रखूँ! हे तात! तुम भी अब जाने को कह रहे हो। तुमको देखकर छाती ठंडी हुई थी। फिर मुझे वही दिन और वही रात!॥4॥

(Hanumanji said-) O Mother! Give me some mark (identification), like Shri Raghunathji gave me. Then Sitaji took off the bangle and gave it to him. Hanumanji took it happily.||1 ll

(Janakiji said-) Oh respected one! Pay my respects and say like this - O Lord! Although you are perfect in every way (you have no desires), yet it is your fame to have mercy on the poor (sufferings) (and I am poor), so remembering that nature, O Lord! Remove my heavy distress. ||2||

O respected one! Narrate the story (incident) of Indraputra Jayant explaining (reminding) the Lord about the greatness of his arrow. If Nath does not come within a month, then he will not find me alive.||3 ll

O Hanuman! Tell me, how should I save my life? Oh dear! Now you are also telling me you are leaving. I was relieved (happy and stress-free) after seeing you. Now (after Hanumanji's return) my days and nights will be same as usual! ll4 ll

दोहा : 27

जनकसुतहि समुझाइ करि बहु बिधि धीरजु दीन्ह।
चरन कमल सिरु नाइ कपि गवनु राम पहिं कीन्ह॥27॥

अर्थ:- हनुमान जी ने जानकीजी को समझाकर बहुत प्रकार से धीरज दिया और उनके चरणकमलों में सिर नवाकर श्री रामजी के पास गमन किया॥27॥

Hanuman ji explained to Janki ji and gave him patience in many ways and after bowing his head at her lotus feet, he returned to Shri Ram ji. ॥27॥

चौपाई : 28

चलत महाधुनि गर्जेसि भारी। गर्भ स्रवहिं सुनि निसिचर नारी॥
नाघि सिंधु एहि पारहि आवा। सबद किलिकिला कपिन्ह सुनावा॥1॥

हरषे सब बिलोकि हनुमाना। नूतन जन्म कपिन्ह तब जाना॥
मुख प्रसन्न तन तेज बिराजा। कीन्हेसि रामचंद्र कर काजा॥2॥

मिले सकल अति भए सुखारी। तलफत मीन पाव जिमि बारी॥
चले हरषि रघुनायक पासा। पूँछत कहत नवल इतिहासा॥3॥

तब मधुबन भीतर सब आए। अंगद संमत मधु फल खाए॥
रखवारे जब बरजन लागे। मुष्टि प्रहार हनत सब भागे॥4॥

अर्थ:- चलते समय उन्होंने महाध्वनि से भारी गर्जन किया, जिसे सुनकर राक्षसों की स्त्रियों के गर्भ गिरने लगे। समुद्र लाँघकर वे इस पार आए और उन्होंने वानरों को किलकिला शब्द (हर्षध्वनि) सुनाया॥1॥

हनुमान जी को देखकर सब हर्षित हो गए और तब वानरों ने अपना नया जन्म समझा। हनुमान्जी का मुख प्रसन्न है और शरीर में तेज विराजमान है, (जिससे उन्होंने समझ लिया कि) ये श्री रामचंद्रजी का कार्य कर आए हैं॥2॥

सब हनुमान्जी से मिले और बहुत ही सुखी हुए, जैसे तड़पती हुई मछली को जल मिल गया हो। सब हर्षित होकर नए-नए इतिहास (वृत्तांत) पूछते-कहते हुए श्री रघुनाथजी के पास चले॥3॥

तब सब लोग मधुवन के भीतर आए और अंगद की सम्मति से सबने मधुर फल (या मधु और फल) खाए। जब रखवाले बरजने लगे, तब घूँसों की मार मारते ही सब रखवाले भाग छूटे ॥4॥

While returning, he (Hanumanji) roared with great sound, hearing which the women of the demons started losing their pregnancies. After crossing the sea, he came to this side and he met the monkeys with joyfully cheerful sound ll1 ll

Everyone became happy after seeing Hanuman ji and then the monkeys felt relieved as if it's their new birth. Hanumanji's face is happy and his body is bright, (by which they understood that) he has accomplished the work of Shri Ramchandraji. ll2 ll

Everyone met Hanumanji and became very happy, as if a yearning fish has found water. Everyone was happy and went to Shri Raghunathji asking and sharing exciting stories (of hanumanji's journey) among themselves. ||3||

Then everyone (out of excitment and happiness) entered Madhuvan and with the consent of Angad, ate sweet fruits (or honey and fruits). When the guards started shouting, all the happy and cheerful monkeys started punching them so the guards ran away ||4 ll

टिप्पणी: एक अच्छा टीम लीडर हमेशा सफलता का ताज टीम के साथ साझा करता है, बदले में टीम, अपने टीम लीडर के सम्मान में इस उपलब्धि का दिल से जश्न मनाती है। वे गौरव परस्पर साझा करते हैं।

Comment: A good team leader always shares the crown of success with team, Team in turn, celebrates the accompalishment heartedly in respect of its team leader. They mutually share the glory.

दोहा : 28
जाइ पुकारे ते सब बन उजार जुबराज।
सुनि सुग्रीव हरष कपि करि आए प्रभु काज॥28॥

अर्थ:- उन सबने जाकर पुकारा कि युवराज अंगद वन उजाड़ रहे हैं। यह सुनकर सुग्रीव हर्षित हुए कि वानर प्रभु का कार्य कर आए हैं॥28॥

They all went and complained Sugriva that Prince Angad was destroying the forest. Sugriva was happy to hear (was sure) that the monkeys had sucessfully done the work of the Lord.॥28॥

चौपाई : 29
जौं न होति सीता सुधि पाई। मधुबन के फल सकहिं कि काई॥
एहि बिधि मन बिचार कर राजा। आइ गए कपि सहित समाजा॥1॥

आइ सबन्हि नावा पद सीसा। मिलेउ सबन्हि अति प्रेम कपीसा॥
पूँछी कुसल कुसल पद देखी। राम कृपाँ भा काजु बिसेषी॥2॥

नाथ काजु कीन्हेउ हनुमाना। राखे सकल कपिन्ह के प्राना॥
सुनि सुग्रीव बहुरि तेहि मिलेऊ कपिन्ह सहित रघुपति पहिं चलेऊ॥3॥

राम कपिन्ह जब आवत देखा। किएँ काजु मन हरष बिसेषा॥
फटिक सिला बैठे द्वौ भाई। परे सकल कपि चरनन्हि जाई॥4॥

अर्थ:- यदि सीताजी की खबर न पाई होती तो क्या वे मधुवन के फल खा सकते थे? इस प्रकार राजा सुग्रीव मन में विचार कर ही रहे थे कि समाज सहित वानर आ गए॥1॥

(सबने आकर सुग्रीव के चरणों में सिर नवाया। कपिराज सुग्रीव सभी से बड़े प्रेम के साथ मिले। उन्होंने कुशल पूछी, (तब वानरों ने उत्तर दिया-) आपके चरणों के दर्शन से सब कुशल है। श्री रामजी की कृपा से विशेष कार्य हुआ (कार्य में विशेष सफलता हुई है)॥2॥

हे नाथ! हनुमान ने सब कार्य किया और सब वानरों के प्राण बचा लिए। यह सुनकर सुग्रीवजी हनुमान्जी से फिर मिले और सब वानरों समेत श्री रघुनाथजी के पास चले॥3॥

श्री रामजी ने जब वानरों को कार्य किए हुए आते देखा तब उनके मन में विशेष हर्ष हुआ। दोनों भाई स्फटिक शिला पर बैठे थे। सब वानर जाकर उनके चरणों पर गिर पड़े॥4॥

If they had not received the news of Sitaji, would they have been able to eat the fruits of Madhuvan? In this way, King Sugriva was thinking in his mind and the monkey's entire group came. ll1 ll

(Everyone came and bowed their heads at the feet of Sugriva. King Sugriva met everyone with great love. He asked their well being, (Then the monkeys replied -) Everything is well by the sight of your feet. By the grace of Shri Ramji special work has been done (special success has been achieved in the work) ll2 ll

O Lord! Hanuman did all the work and saved the lives of all the monkeys. Hearing this, Sugrivji again met Hanumanji and went to Shri Raghunathji along with all the monkeys. ||3||

When Shri Ramji saw the monkeys returning after doing the work, he felt a special joy in his heart. Both the brothers (Shri Ramji and Lakshmanji) were sitting on the crystal rock. All the monkeys went and fell at their feet. ll4 ll

दोहा : 29

प्रीति सहित सब भेंटे रघुपति करुना पुंज॥
पूछी कुसल नाथ अब कुसल देखि पद कंज॥29॥

अर्थः- दया की राशि श्री रघुनाथजी सबसे प्रेम सहित गले लगकर मिले और कुशल पूछी। (वानरों ने कहा-) हे नाथ! आपके चरण कमलों के दर्शन पाने से अब कुशल है॥29॥

Due to his kindness, Shri Raghunathji hugged everyone with love and asked about their well-being. (The monkeys said-) O Lord! Now we all are well after seeing your lotus feet ll29 ll

चौपाई : 30

जामवंत कह सुनु रघुराया। जा पर नाथ करहु तुम्ह दाया॥
ताहि सदा सुभ कुसल निरंतर। सुर नर मुनि प्रसन्न ता ऊपर॥1॥

सोइ बिजई बिनई गुन सागर। तासु सुजसु त्रेलोक उजागर॥
प्रभु कीं कृपा भयउ सबु काजू। जन्म हमार सुफल भा आजू॥2॥

नाथ पवनसुत कीन्हि जो करनी। सहसहुँ मुख न जाइ सो बरनी॥
पवनतनय के चरित सुहाए। जामवंत रघुपतिहि सुनाए॥3॥

सुनत कृपानिधि मन अति भाए। पुनि हनुमान हरषि हियँलाए॥
कहहु तात केहि भाँति जानकी। रहति करति रच्छा स्वप्रान की॥4॥

अर्थ:- जामवंत ने कहा, हे रघुनाथ जी! जिस पर आप दया-दृष्टि कर देते हैं वह सदैव कल्यानपूर्वक और निरंतर कुशलता के साथ रहता है | देवता, मनुष्य, और मुनि आदि सभी उस पर प्रसन्न रहते हैं ||1||

वही विजयी है, वही विनयी है और गुणों का सागर बन जाता है | उसी का सुयश त्रिलोक में प्रकाशमान होता है | प्रभु, आपकी कृपा से ही यह महान कार्य पूर्ण हुआ है | आज हमारा जन्म सफल हो गया ||2||

हे स्वामी! पवनपुत्र हनुमान ने जो महत्त्वपूर्ण कार्य पूरा किया है, उसकी महत्ता हज़ार मुखों से भी वर्णित नहीं की जा सकती| इसके बाद जामवंत जी ने श्रीराम के सम्मुख हनुमानजी के सुन्दर कार्य का वर्णन किया||3||

कृपानिधि श्रीराम जी को जामवंत द्वारा वर्णित हनुमान जी के चरित्र का वर्णन बहुत ही मनोहारी और सुन्दर लगा| उन्होंने आनंदित हो कर हनुमानजी को अपने हृदय से लगा लिया और बोले, हे तात ! बताओ, लंका में सीता किस प्रकार से रहती है और अपने प्राणों की रक्षा करती है ||4||

दोहा : 30

नाम पाहरू दिवस निसि ध्यान तुम्हार कपाट।
लोचन निज पद जंत्रित जाहिं प्रान केहिं बाट॥30॥

अर्थ:- (हनुमान जी ने कहा-) आपका नाम रात-दिन पहरा देने वाला है, आपका ध्यान ही किंवाड़ है। नेत्रों को अपने चरणों में लगाए रहती हैं, यही ताला लगा है, फिर प्राण जाएँ तो किस मार्ग से? ॥30॥

(Hanuman ji said-) Your name is a guard day and night; your attention is the door. She keeps her eyes fixed on her feet, this is the lock, then which way will she take her life (Die)? ॥30॥

चौपाई : 31

चलत मोहि चूड़ामनि दीन्हीं। रघुपति हृदयँ लाइ सोइ लीन्ही॥
नाथ जुगल लोचन भरि बारी। बचन कहे कछु जनककुमारी॥1॥

अनुज समेत गहेहु प्रभु चरना। दीन बंधु प्रनतारति हरना॥
मन क्रम बचन चरन अनुरागी। केहिं अपराध नाथ हौं त्यागी॥2॥

अवगुन एक मोर मैं माना। बिछुरत प्रान न कीन्ह पयाना॥
नाथ सो नयनन्हि को अपराधा। निसरत प्रान करहिं हठि बाधा॥3॥

बिरह अगिनि तनु तूल समीरा। स्वास जरइ छन माहिं सरीरा॥
नयन स्रवहिं जलु निज हित लागी। जरैं न पाव देह बिरहागी॥4॥

सीता कै अति बिपति बिसाला। बिनहिं कहें भलि दीनदयाला॥5॥

अर्थ:- चलते समय उन्होंने मुझे चूड़ामणि (उतारकर) दी। श्री रघुनाथजी ने उसे लेकर हृदय से लगा लिया। (हनुमान्‌जी ने फिर कहा-) हे नाथ! दोनों नेत्रों में जल भरकर जानकीजी ने मुझसे कुछ वचन कहे- ॥1॥

(हनुमानजी बोले जो सीताजी ने कहा) छोटे भाई समेत प्रभु के चरण पकड़ना (और कहना कि) आप दीनबंधु हैं, शरणागत के दुःखों को हरने वाले हैं और मैं मन, वचन और कर्म से आपके चरणों की अनुरागिणी हूँ। फिर स्वामी (आप) ने मुझे किस अपराध से त्याग दिया? ॥2॥

(हाँ) एक दोष मैं अपना (अवश्य) मानती हूँ कि आपका वियोग होते ही मेरे प्राण नहीं चले गए, किंतु हे नाथ! यह तो नेत्रों का अपराध है जो प्राणों के निकलने में हठपूर्वक बाधा देते हैं॥3॥

विरह अग्नि है, शरीर रूई है और श्वास पवन है, इस प्रकार (अग्नि और पवन का संयोग होने से) यह शरीर क्षणमात्र में जल सकता है, परंतु नेत्र अपने हित के लिए प्रभु का स्वरूप देखकर (सुखी होने के लिए) जल (आँसू) बरसाते हैं, जिससे विरह की आग से भी देह जलने नहीं पाती॥4॥

(हनुमानजी बोले) सीताजी की विपत्ति बहुत बड़ी है। हे दीनदयालु! वह बिना कही ही अच्छी है (कहने से आपको बड़ा क्लेश होगा)॥5॥

While leaving, she gave me Chudamani (removed). Shri Raghunathji took it and hugged it to his heart. (Hanumanji said again-) O Lord! With tears in both her eyes, Janakiji said a few words to me - ll1 ll

(Hanumanji told what Sitaji said) Hold the feet of the Lord along with younger brother (Lakshmanji) (and say) You are a friend of the poor, the one who removes the sorrows of those who surrender, and I follow your feet in mind, words and deeds. Then for what crime did Swami (Lord/owner Shri Ramji) has abandoned me (Sitaji) ? ll2 ll

(Yes) I (definitely) consider it my fault that I did not die as soon as you were separated, but oh Lord! This is the fault of eyes which stubbornly obstruct the exit of the life force. ||3 ll

Separation is fire, body is cotton and breath is wind, in this way (due to the combination of fire and wind) this body can burn in a moment, but for their own benefit, the eyes shed water (tears) waiting for seeing the Lord (to feel happy), due to which even the fire of separation does not burn the body. ll4 ll

(Hanumanji told) Sitaji's calamity is very big. O humble one! It is good without mentioning anything about her (saying it will cause you great trouble) ll5 ll

दोहा : 31

निमिष निमिष करुनानिधि जाहिं कलप सम बीति।
बेगि चलिअ प्रभु आनिअ भुज बल खल दल जीति॥31॥

अर्थ:- (हनुमानजी श्री रामजी से निवेदन करते हुए) हे करुणानिधान! उनका एक-एक पल कल्प के समान बीतता है। अतः हे प्रभु! तुरंत चलिए और अपनी भुजाओं के बल से दुष्टों के दल को जीतकर सीताजी को ले आइए॥31॥

(Hanumanji requesting Shri Ramji) O Compassionate One! Each and every moment of her passes like an era. Therefore O Lord! Come immediately and with the strength of your arms, defeat the group of evil people and bring Sita ji.31॥

चौपाई : 32
सुनि सीता दुख प्रभु सुख अयना। भरि आए जल राजिव नयना॥
बचन कायँ मन मम गति जाही। सपनेहुँ बूझिअ बिपति कि ताही॥1॥

कह हनुमंत बिपति प्रभु सोई। जब तव सुमिरन भजन न होई॥
केतिक बात प्रभु जातुधान की। रिपुहि जीति आनिबी जानकी॥2॥

सुनु कपि तोहि समान उपकारी। नहिं कोउ सुर नर मुनि तनुधारी॥
प्रति उपकार करौं का तोरा। सनमुख होइ न सकत मन मोरा॥3॥

सुनु सुत तोहि उरिन मैं नाहीं। देखेउँ करि बिचार मन माहीं॥
पुनि पुनि कपिहि चितव सुरत्राता। लोचन नीर पुलक अति गाता॥4॥

अर्थ:-सीताजी का दुःख सुनकर सुख के धाम प्रभु के कमल नेत्रों में जल भर आया (और वे बोले-) मन, वचन और शरीर से जिसे मेरी ही गति (मेरा ही आश्रय) है, उसे क्या स्वप्न में भी विपत्ति हो सकती है?॥1॥

हनुमान जी ने कहा- हे प्रभु! विपत्ति तो वही (तभी) है जब आपका भजन-स्मरण न हो। हे प्रभो! राक्षसों की बात ही कितनी है? आप शत्रु को जीतकर जानकीजी को ले आवेंगे॥2॥

(भगवान् कहने लगे-) हे हनुमान्! सुन, तेरे समान मेरा उपकारी देवता, मनुष्य अथवा मुनि कोई भी शरीरधारी नहीं है। मैं तेरा प्रत्युपकार (बदले में उपकार) तो क्या करूँ, मेरा मन भी तेरे सामने नहीं हो सकता॥3॥

हे पुत्र! सुन, मैंने मन में (खूब) विचार करके देख लिया कि मैं तुझसे उऋण नहीं हो सकता। देवताओं के रक्षक प्रभु बार-बार हनुमान्जी को देख रहे हैं। नेत्रों में प्रेमाश्रुओं का जल भरा है और शरीर अत्यंत पुलकित है॥4॥

Hearing the sorrow of Sitaji, the lotus eyes of the Lord, the abode of happiness, filled with tears (and he said -) Can any calamity happen even in the dreams to the one who has my only support (my only refuge) in his mind, words and body? ll1||

Hanuman ji said- Oh Lord! The only disaster is when your hymns are not remembered. Oh, Lord! What to talk about demons? You will defeat the enemy and bring back Janakiji ll2 ll

(God started saying-) O Hanuman! Listen; there is no bodily being like you, my beneficent god, human being or sage. What should I do in return of your favor? Even my heart cannot be in front of you.||3 ll

O son! Listen, I thought it through in my mind (a lot) and concluded that I cannot repay this loan to you. The Lord, the protector of the gods, is looking at Hanumanji again and again. His eyes are filled with tears of love and his body is ecstatic.||4 ll

टिप्पणी: जिसे ईश्वर की कृपा पर दृढ़ विश्वास है, वह कभी पराजित नहीं हो सकता, उसे कभी ऐसी बाधा का सामना नहीं करना पड़ सकता जिसका समाधान न हो सके। किसी द्वारा किये हुए उपकार को कभी न भूलना और उनका भरपूर मान रखना भी एक विवेकपूर्ण व्यक्ति का लक्षण है।

Comment: The one, who has strong faith in god's grace can never be defeated, can never face any hurdle that can not be solved. Never forgetting the kindness done by someone and having full respect for them is also a sign of a wise person.

दोहा : 32
सुनि प्रभु बचन बिलोकि मुख गात हरषि हनुमंत।
चरन परेउ प्रेमाकुल त्राहि त्राहि भगवंत॥32॥

अर्थ:-प्रभु के वचन सुनकर और उनके (प्रसन्न) मुख तथा (पुलकित) अंगों को देखकर हनुमान्जी हर्षित हो गए और प्रेम में विकल होकर 'हे भगवन्! मेरी रक्षा करो, रक्षा करो' कहते हुए श्री रामजी के चरणों में गिर पड़े॥32॥

Hearing the words of the Lord and seeing His (happy) face and (ecstatic) limbs, Hanumanji became happy and, overcome with devotion exclaimed, 'O Lord! Saying 'protect me, protect me' he fell at the feet of Shri Ramji ॥32॥

चौपाई : 33
बार बार प्रभु चहइ उठावा। प्रेम मगन तेहि उठब न भावा॥
प्रभु कर पंकज कपि कें सीसा। सुमिरि सो दसा मगन गौरीसा॥1॥

सावधान मन करि पुनि संकर। लागे कहन कथा अति सुंदर॥
कपि उठाई प्रभु हृदयँ लगावा। कर गहि परम निकट बैठावा॥2॥

कहु कपि रावन पालित लंका। केहि बिधि दहेउ दुर्ग अति बंका॥
प्रभु प्रसन्न जाना हनुमाना। बोला बचन बिगत अभिमाना॥3॥

साखामग कै बड़ि मनुसाई। साखा तें साखा पर जाई॥
नाघि सिंधु हाटकपुर जारा। निसिचर गन बधि बिपिन उजारा॥4॥

सो सब तव प्रताप रघुराई। नाथ न कछू मोरि प्रभुताई॥5॥

अर्थ:-प्रभु उनको बार-बार उठाना चाहते हैं, परंतु प्रेम में डूबे हुए हनुमान जी को चरणों से उठना सुहाता नहीं। प्रभु का करकमल हनुमान्जी के सिर पर है। उस स्थिति का स्मरण करके शिवजी प्रेममग्न हो गए॥1॥

फिर मन को सावधान करके शंकरजी अत्यंत सुंदर कथा कहने लगे- हनुमान जी को उठाकर प्रभु ने हृदय से लगाया और हाथ पकड़कर अत्यंत निकट बैठा लिया॥2॥

हे हनुमान! बताओ तो, रावण के द्वारा सुरक्षित लंका और उसके बड़े बाँके किले को तुमने किस तरह जलाया? हनुमान्जी ने प्रभु को प्रसन्न जाना और वे अभिमानरहित वचन बोले- ॥3॥

बंदर का बस, यही बड़ा पुरुषार्थ है कि वह एक डाल से दूसरी डाल पर चला जाता है। मैंने जो समुद्र लाँघकर सोने का नगर जलाया और राक्षसगण को मारकर अशोक वन को उजाड़ डाला,॥4॥ यह सब तो हे श्री रघुनाथजी! आप ही का प्रताप है। हे नाथ! इसमें मेरी प्रभुता (बड़ाई) कुछ भी नहीं है॥5॥

The Lord wants to lift him up again and again, but Hanuman ji, immersed in love, does not feel comfortable getting up from his feet. Lord's lotus hands are on Hanumanji's head. Remembering that situation, Lord Shiva became engrossed in love. ||1 ||

Then, after alerting his mind, Shankar ji started telling a very beautiful story - Lord picked up Hanuman ji, hugged him to his heart and made him sit very close by holding his hand. || 2 ||

O Hanuman! Tell me, how did you burn Lanka and its huge fort protected by Ravana? Hanumanji felt pleased with the Lord and spoke words without pride - ||3||

The only great effort of the monkey is that he moves from one branch to another. I crossed the sea and burnt the city of gold and destroyed the Ashoka forest by killing the demons||4||

All this O Shri Raghunathji! is your glory. Hey Nath! There is no glory of mine in this at all.||5||

टिप्पणी: बुद्धिमान व्यक्ति कभी भी अपनी क्षमताओं पर गर्व महसूस नहीं करते हैं और हमेशा ज्ञानोपार्जन से अपने को अधिक कुशल बनाने की कोशिश करते हैं। वे हमेशा अपनी अंतर्निहित शक्तियों और कमजोरियों से

अच्छी तरह वाकिफ होते हैं। वे कभी भी आत्मप्रशंसा नहीं करते |बल्कि ईश्वर की कृपा के प्रति कृतज्ञ होते हैं।

Comment: Wise men never feel proud of their capabilities and always seek knowledge to be more efficient. They are always well versed with their inherent strengths and weaknesses. They never are self praising. Rather, are grateful in god's grace.

दोहा : 33
ता कहुँ प्रभु कछु अगम नहिं जा पर तुम्ह अनुकूल।
तव प्रभावँ बड़वानलहि जारि सकइ खलु तूल॥33॥

अर्थ:- हे प्रभु! जिस पर आप प्रसन्न हों, उसके लिए कुछ भी कठिन नहीं है। आपके प्रभाव से रूई (जो स्वयं बहुत जल्दी जल जाने वाली वस्तु है) बड़वानल को निश्चय ही जला सकती है (अर्थात् असंभव भी संभव हो सकता है)॥33॥

Oh God! Nothing is difficult for someone you are happy with. With your influence, cotton (which itself burns very quickly) can definitely burn the ocean (that is, even the impossible can become possible) ॥33॥

टिप्पणी: ईश्वर की कृपा से व्यक्ति असंभव कार्य भी कर सकता है।

Comment: A person can perform the impossible tasks with grace of god.

चौपाई : 34
नाथ भगति अति सुखदायनी। देहु कृपा करि अनपायनी॥
सुनि प्रभु परम सरल कपि बानी। एवमस्तु तब कहेउ भवानी॥1॥

उमा राम सुभाउ जेहिं जाना। ताहि भजनु तजि भाव न आना॥
यह संबाद जासु उर आवा। रघुपति चरन भगति सोइ पावा॥2॥

सुनि प्रभु बचन कहहिं कपि बृंदा। जय जय जय कृपाल सुखकंदा॥
तब रघुपति कपिपतिहि बोलावा। कहा चलैं कर करहु बनावा॥3॥

अब बिलंबु केह कारन कीजे। तुरत कपिन्ह कहँ आयसु दीजे॥
कौतुक देखि सुमन बहु बरषी। नभ तें भवन चले सुर हरषी॥4॥

अर्थ:- हे नाथ! मुझे अत्यंत सुख देने वाली अपनी निश्चल भक्ति कृपा करके दीजिए। हनुमान्जी की अत्यंत सरल वाणी सुनकर, हे भवानी! तब प्रभु श्री रामचंद्रजी ने 'एवमस्तु' (ऐसा ही हो) कहा॥1॥

हे उमा! जिसने श्री रामजी का स्वभाव जान लिया, उसे भजन छोड़कर दूसरी बात ही नहीं सुहाती। यह स्वामी-सेवक का संवाद जिसके हृदय में आ गया, वही श्री रघुनाथजी के चरणों की भक्ति पा गया॥2॥

प्रभु के वचन सुनकर वानरगण कहने लगे- कृपालु आनंदकंद श्री रामजी की जय हो जय हो, जय हो! तब श्री रघुनाथजी ने कपिराज सुग्रीव को बुलाया और कहा- चलने की तैयारी करो॥3॥

अब विलंब किस कारण किया जाए। वानरों को तुरंत आज्ञा दो। (भगवान् की) यह लीला (रावणवध की तैयारी) देखकर, बहुत से फूल बरसाकर और हर्षित होकर देवता आकाश से अपने-अपने लोक को चले॥4॥

Hey Nath! Please give me your steadfast devotion which gives me immense happiness. Hearing the very simple speech of Hanumanji, O Bhavani! (Shivji said to Parvati) Then Lord Shri Ramchandraji said 'Evamastu' (so be it) ||1||

O Uma! One, who knows the nature of Shri Ramji, does not like anything else except bhajan. Whoever has this dialogue of master-devotee in his heart, he gets devotion at the feet of Shri Raghunathji. ||2||

Hearing the words of the Lord, the monkeys started saying - Hail Lord Rama, the merciful Anandkand, Jai Ho, Jai Ho! Then Shri Raghunathji called Kapiraj Sugriva and said - Prepare to leave||3||

Now why should there be delay? Give orders to the monkeys immediately. Seeing this leela (of God) (preparations for killing Ravana), after showering many flowers and being happy, the gods went from the sky to their respective worlds ll4 ll

टिप्पणी: परम शांति पाने के लिए भगवान की शरण लेना ही सर्वोत्तम उपाय है। उनके दिशानिर्देशों का पालन करना जीवन भर की समस्याओं का सबसे अच्छा समाधान है और सफलता प्राप्त करना है। जब इंसान बिना समय बर्बाद किए अपने लक्ष्य की ओर निकल पड़ता है तो भगवान भी आशीर्वाद देने लगते हैं।

Comment: Taking God's refuge is the best solution to attain immortal peace. Following his guidelines is the best solution to lifelong problems and achieve success. Even God starts blessing when a person sets out towards his aim without wasting time.

दोहा : 34

कपिपति बेगि बोलाए आए जूथप जूथ।
नाना बरन अतुल बल बानर भालु बरूथ॥34॥

अर्थः- वानरराज सुग्रीव ने शीघ्र ही वानरों को बुलाया, सेनापतियों के समूह आ गए। वानर-भालुओं के झुंड अनेक रंगों के हैं और उनमें अतुलनीय बल है॥34॥

Monkey king Sugriva soon called the monkeys and groups of generals arrived. Herds of monkeys & bears are of many colors and have incomparable strength ll34 ll

चौपाई : 35

प्रभु पद पंकज नावहिं सीसा। गर्जहिं भालु महाबल कीसा॥
देखी राम सकल कपि सेना। चितइ कृपा करि राजिव नैना॥1॥

राम कृपा बल पाइ कपिंदा। भए पच्छजुत मनहुँ गिरिंदा॥
हरषि राम तब कीन्ह पयाना। सगुन भए सुंदर सुभ नाना॥2॥

जासु सकल मंगलमय कीती। तासु पयान सगुन यह नीती॥
प्रभु पयान जाना बैदेहीं। फरकि बाम अँग जनु कहि देहीं॥3॥

जोइ जोइ सगुन जानकिहि होई। असगुन भयउ रावनहिं सोई॥
चला कटकु को बरनैं पारा। गर्जहिं बानर भालु अपारा॥4॥

नख आयुध गिरि पादपधारी। चले गगन महि इच्छाचारी॥
केहरिनाद भालु कपि करहीं। डगमगाहिं दिग्गज चिक्करहीं॥5॥

अर्थ:- वे प्रभु के चरण कमलों में सिर नवाते हैं। महान् बलवान् रीछ और वानर गरज रहे हैं। श्री रामजी ने वानरों की सारी सेना देखी। तब कमल नेत्रों से कृपापूर्वक उनकी ओर दृष्टि डाली॥1॥

राम कृपा का बल पाकर श्रेष्ठ वानर मानो पंखवाले बड़े पर्वत हो गए। तब श्री रामजी ने हर्षित होकर प्रस्थान (कूच) किया। अनेक सुंदर और शुभ शकुन हुए॥2॥

जिनकी कीर्ति सब मंगलों से पूर्ण है, उनके प्रस्थान के समय शकुन होना, यह नीति है (लीला की मर्यादा है)। प्रभु का प्रस्थान जानकीजी ने भी जान लिया। उनके बाएँ अंग फड़क-फड़ककर मानो कहे देते थे (कि श्री रामजी आ रहे हैं)॥3॥

जानकीजी को जो-जो शकुन होते थे, वही-वही रावण के लिए अपशकुन हुए। सेना चली, उसका वर्णन कौन कर सकता है? असंख्य वानर और भालू गर्जना कर रहे हैं॥4॥

नख ही जिनके शस्त्र हैं, वे इच्छानुसार (सर्वत्र बेरोक-टोक) चलने वाले रीछ-वानर पर्वतों और वृक्षों को धारण किए कोई आकाश मार्ग से और कोई पृथ्वी पर चले जा रहे हैं। वे सिंह के समान गर्जना कर रहे हैं। (उनके चलने और गर्जने से) दिशाओं के हाथी विचलित होकर चिंग्घाड़ रहे हैं॥5॥

They bow their heads at the lotus feet of the Lord. Great strong bears and monkeys are roaring. Shri Ramji saw the entire army of monkeys. Then he looked at them kindly with lotus eyes. ||1 ||

By getting the power of Ram's grace, the best monkeys became as if they were big mountains with wings. Then Shri Ramji left happily. There were many beautiful and auspicious omens. ||2||

It is a policy (the dignity of divine Leela) to have omens at the time of departure of those whose fame is full of all auspicious things. Janakiji also came to know about the departure of the Lord. Her left limbs used to flutter (Good omen for females) as if saying (that Shri Ramji is coming) ll3 ll

Whatever good omen was given to Janakiji, the same were bad omens for Ravana. Who can describe the march of the army? Innumerable monkeys and bears are roaring. ll4 ll

Whose nails are their weapons, they move as per their wish (everywhere unhindered), bear-monkeys are carrying mountains and trees, some are moving through the sky and some are moving on the earth. They are roaring like lions. (By their walking and roaring) the elephants in all directions are getting distracted and are trumpeting. ll5 ll

छंद : 2

चिक्करहिं दिग्गज डोल महि गिरि लोल सागर खरभरे।
मन हरष सभ गंधर्ब सुर मुनि नाग किंनर दुख टरे॥
कटकटहिं मर्कट बिकट भट बहु कोटि कोटिन्ह धावहीं।
जय राम प्रबल प्रताप कोसलनाथ गुन गन गावहीं॥1॥

सहि सक न भार उदार अहिपति बार बारहिं मोहई।
गह दसन पुनि पुनि कमठ पृष्ठ कठोर सो किमि सोहई॥

रघुबीर रुचिर प्रयान प्रस्थिति जानि परम सुहावनी।
जनु कमठ खर्पर सर्पराज सो लिखत अबिचल पावनी॥2॥

अर्थः- दिशाओं के हाथी चिंग्घाड़ने लगे, पृथ्वी डोलने लगी, पर्वत चंचल हो गए (काँपने लगे) और समुद्र खलबला उठे। गंधर्व, देवता, मुनि, नाग, किन्नर सब के सब मन में हर्षित हुए' कि (अब) हमारे दुःख टल गए। अनेकों करोड़ भयानक वानर योद्धा कटकटा रहे हैं और करोड़ों ही दौड़ रहे हैं। 'प्रबल प्रताप कोसलनाथ श्री रामचंद्रजी की जय हो' ऐसा पुकारते हुए वे उनके गुणसमूहों को गा रहे हैं॥1॥

उदार (परम श्रेष्ठ एवं महान्) सर्पराज शेषजी भी सेना का बोझ नहीं सह सकते, वे बार-बार मोहित हो जाते (घबड़ा जाते) हैं और पुनः-पुनः कच्छप की कठोर पीठ को दाँतों से पकड़ते हैं। ऐसा करते (अर्थात् बार-बार दाँतों को गड़ाकर कच्छप की पीठ पर लकीर सी खींचते हुए) वे कैसे शोभा दे रहे हैं मानो श्री रामचंद्रजी की सुंदर प्रस्थान यात्रा को परम सुहावनी जानकर उसकी अचल पवित्र कथा को सर्पराज शेषजी कच्छप की पीठ पर लिख रहे हों॥2॥

The elephants in all directions began to roar, the earth began to shake, the mountains became restless (trembling) and the seas became turbulent. The Gandharvas, the gods, the sages, the serpents, the eunuchs all rejoiced in their hearts that (now) our sorrows were over. Millions of terrible monkey warriors are roaring and millions are running. Calling out 'Prabal Pratap Kosalnath Shri Ramchandraji ki Jai Ho', they are singing his praises.|| 1 ||

The generous (most excellent and great) snake king Shesh ji also cannot bear the burden of the army, he gets disillusioned (gets frightened) again and again.) and again and again hold the hard back of the turtle with its teeth. While doing this (i.e. drawing a line on the back of the tortoise by biting his teeth again and again) how are they looking beautiful as if considering the beautiful departure journey of Shri Ramchandraji as extremely pleasant, the snake king Sheshji is writing its immovable sacred story on the back of the tortoise ||2||.

दोहा : 35
एहि बिधि जाइ कृपानिधि उतरे सागर तीर।
जहँ तहँ लागे खान फल भालु बिपुल कपि बीर॥35॥

अर्थ:- इस प्रकार कृपानिधान श्री रामजी समुद्र तट पर जा उतरे। अनेकों रीछ-वानर वीर जहाँ-तहाँ फल खाने लगे॥35॥

Thus blessing Shri Ramji landed on the beach. Many bears and monkeys started eating fruits everywhere.||35||

चौपाई : 36

उहाँ निसाचर रहहिं ससंका। जब तें जारि गयउ कपि लंका॥
निज निज गृहँ सब करहिं बिचारा। नहिं निसिचर कुल केर उबारा।1॥

जासु दूत बल बरनि न जाई। तेहि आएँ पुर कवन भलाई॥
दूतिन्ह सन सुनि पुरजन बानी। मंदोदरी अधिक अकुलानी॥2॥

रहसि जोरि कर पति पग लागी। बोली बचन नीति रस पागी॥
कंत करष हरि सन परिहरहू। मोर कहा अति हित हियँ धरहू॥3॥

समुझत जासु दूत कइ करनी। स्रवहिं गर्भ रजनीचर घरनी॥
तासु नारि निज सचिव बोलाई। पठवहु कंत जो चहहु भलाई॥4॥

तव कुल कमल बिपिन दुखदाई। सीता सीत निसा सम आई॥
सुनहु नाथ सीता बिनु दीन्हें। हित न तुम्हार संभु अज कीन्हें॥5॥

अर्थ:- वहाँ (लंका में) जब से हनुमान्जी लंका को जलाकर गए, तब से राक्षस भयभीत रहने लगे। अपने-अपने घरों में सब विचार करते हैं कि अब राक्षस कुल की रक्षा (का कोई उपाय) नहीं है॥1॥

जिसके दूत का बल वर्णन नहीं किया जा सकता, उसके स्वयं नगर में आने पर कौन भलाई है (हम लोगों की बड़ी बुरी दशा होगी)? दूतियों से नगरवासियों के वचन सुनकर मंदोदरी बहुत ही व्याकुल हो गई॥2॥

वह एकांत में हाथ जोड़कर पति (रावण) के चरणों लगी और नीतिरस में पगी हुई वाणी बोली- हे प्रियतम! श्री हरि से विरोध छोड़ दीजिए। मेरे कहने को अत्यंत ही हितकर जानकर हृदय में धारण कीजिए॥3॥

जिनके दूत की करनी का विचार करते ही (स्मरण आते ही) राक्षसों की स्त्रियों के गर्भ गिर जाते हैं, हे प्यारे स्वामी! यदि भला चाहते हैं, तो अपने मंत्री को बुलाकर उसके साथ उनकी स्त्री को भेज दीजिए॥4॥

सीता आपके कुल रूपी कमलों के वन को दुःख देने वाली जाड़े की रात्रि के समान आई है। हे नाथ। सुनिए, सीता को दिए (लौटाए) बिना शम्भु और ब्रह्मा के किए भी आपका भला नहीं हो सकता॥5॥

Ever since Hanumanji left burning Lanka, the demons started living in fear. Everyone thinks in their homes that now there is no way to protect the Rakshasa clan. ||1||

What will be the condition? Mandodari became very distressed after hearing the words of the citizens from the messengers. ||2 ll

She folded her hands in solitude and fell at the feet of her husband (Ravan) and said in her voice soaked in nectar - Oh dear! Give up opposition to Shri Hari. Consider my words to be very beneficial and keep them in your heart. ||3 ll

The moment the demon's women think about (remember) the actions of the messenger (Hanumanji), they lose their pregnancies, O dear Lord! If you want good, then call your minister and send his(Ram Ji's) wife with him.|| 4 ll

Sita has come like a winter night to give sorrow to the lotus forest of your clan. Hey Nath. Listen, without returning Sita, Shambhu and Brahma even cant not do any good to you.||5 ll

टिप्पणी: एक बार जब किसी व्यक्ति के समर्पण और प्रयासों को मान्यता मिल जाती है, तो प्रतिकूलताओं, शत्रुओं, प्रतिस्पर्धियों सभी को इससे डर लगने लगता है। शुभ शकुन व्यक्ति का पीछा करते हैं और विपरीत पक्ष को कंपकंपी होने लगती है। उस क्षण प्रतिस्पर्धा में बाजी मारने वाले व्यक्ति को स्वयं और ईश्वर पर पूर्ण विश्वास रखते हुए मंजिल की ओर आगे बढ़ते रहना चाहिए।

Comment: Once a person’s dedication and efforts are acknowledged, the adversities, enemies, competitors all start having a fear out of it. Good omens follow the person and the opposite side starts having shivers. That moment the person beating the competition should keep marching ahead towards destination with full faith in self and almighty.

दोहा : 36
राम बान अहि गन सरिस निकर निसाचर भेक।
जब लगि ग्रसत न तब लगि जतनु करहु तजि टेक॥36॥

अर्थ:- श्री रामजी के बाण सर्पों के समूह के समान हैं और राक्षसों के समूह मेंढक के समान। जब तक वे इन्हें ग्रस नहीं लेते (निगल नहीं जाते) तब तक हठ छोड़कर उपाय कर लीजिए॥36॥

The arrows of Shri Ramji are like a group of snakes and the arrows of demons are like a group of frogs. Until they (Snakes) swallow them (Frogs), leave your stubbornness and take corrective measures.||36||

टिप्पणी: जब आप सफलता की ओर बढ़ने लगते हैं तो दुश्मन आपकी हार सुनिश्चित करने के लिए सुधारात्मक उपाय करना शुरू कर देता है लेकिन आपका दृढ़ संकल्प उस पर जीत हासिल कर लेता है | आपको यह सुनिश्चित करने के लिए भी अपनी क्षमता को मजबूत करते रहना चाहिए कि आप शत्रु से प्रभावित न हों।

Comment: The enemy starts taking corrective measures to ensure your defeat when you start moving towards success but your determination wins it over. You must also keep strengthening your potential to ensure you dont get effected by enemy.

चौपाई : 37
श्रवन सुनी सठ ता करि बानी। बिहसा जगत बिदित अभिमानी॥
सभय सुभाउ नारि कर साचा। मंगल महुँ भय मन अति काचा॥1॥

जौं आवइ मर्कट कटकाई। जिअहिं बिचारे निसिचर खाई॥
कंपहिं लोकप जाकीं त्रासा। तासु नारि सभीत बड़ि हासा॥2॥

अस कहि बिहसि ताहि उर लाई। चलेउ सभाँ ममता अधिकाई॥
मंदोदरी हृदयँ कर चिंता। भयउ कंत पर बिधि बिपरीता॥3॥

बैठेउ सभाँ खबरि असि पाई। सिंधु पार सेना सब आई॥
बूझेसि सचिव उचित मत कहहू। ते सब हँसे मष्ट करि रहहू॥4॥

जितेहु सुरासुर तब श्रम नाहीं। नर बानर केहि लेखे माहीं॥5॥

अर्थः-मूर्ख और जगत प्रसिद्ध अभिमानी रावण कानों से उसकी वाणी सुनकर खूब हँसा (और बोला-) स्त्रियों का स्वभाव सचमुच ही बहुत डरपोक होता है। मंगल में भी भय करती हो। तुम्हारा मन (हृदय) बहुत ही कच्चा (कमजोर) है॥1॥

यदि वानरों की सेना आवेगी तो बेचारे राक्षस उसे खाकर अपना जीवन निर्वाह करेंगे। लोकपाल भी जिसके डर से काँपते हैं, उसकी स्त्री डरती हो, यह बड़ी हँसी की बात है॥2॥

रावण ने ऐसा कहकर हँसकर उसे हृदय से लगा लिया और ममता बढ़ाकर (अधिक स्नेह दर्शाकर) वह सभा में चला गया। मंदोदरी हृदय में चिंता करने लगी कि पति पर विधाता प्रतिकूल हो गए॥3॥

ज्यों ही वह सभा में जाकर बैठा, उसने ऐसी खबर पाई कि शत्रु की सारी सेना समुद्र के उस पार आ गई है, उसने मंत्रियों से पूछा कि उचित सलाह कहिए (अब क्या करना चाहिए?)। तब वे सब हँसे और बोले कि चुप किए रहिए (इसमें सलाह की कौन सी बात है?)॥4॥

आपने देवताओं और राक्षसों को जीत लिया, तब तो कुछ श्रम ही नहीं हुआ। फिर मनुष्य और वानर किस गिनती में हैं?॥5॥

The foolish and world famous arrogant Ravana laughed a lot after listening to her words (and said-) the nature of women is really very timid. You are afraid even in good.||1||

Your mind (heart) is very raw (weak). If the army of monkeys comes, then the poor demons will eat it and earn their living. It is a matter of great laughter that the wife of the one from who even the Lokpal trembles with fear is a matter of great laughter. ||2 ll

Ravana laughed saying this and hugged her close to his heart and with increased affection (showing more affection) he went to the meeting. Mandodari started worrying in her heart that the Creator had turned unfavorable towards her husband. ||3||

As soon as he went and sat in the meeting, he got the news that the entire army of the enemy has come across the sea, he asked the ministers to give appropriate advice (What should be done now?). Then they all laughed and said, keep quiet (what is the point of advice in this?) ||4||

You (to Ravana) conquered the gods and demons, and then no hard work was done at all. Then in what number are humans and monkeys? ||5||

टिप्पणी: अति आत्मविश्वास और चापलूसी करने वालों की संगति सदैव घातक होती है। आपको किसी भी विपरीत परिस्थिति का सक्रिय रूप से सामना करने के लिए हमेशा सतर्क और तैयार रहना चाहिए।

Comment: Over confidence and company of sycophants is always fatal. You should always remain alert and prepared to face any adversity pro-actively.

दोहा : 37
सचिव बैद गुर तीनि जौं प्रिय बोलहिं भय आस
राज धर्म तन तीनि कर होइ बेगिहीं नास॥37॥

अर्थ:-मंत्री, वैद्य और गुरु- ये तीन यदि (अप्रसन्नता के) भय या (लाभ की) आशा से (हित की बात न कहकर) प्रिय बोलते हैं (ठकुर सुहाती कहने लगते हैं), तो (क्रमशः) राज्य, शरीर और धर्म- इन तीन का शीघ्र ही नाश हो जाता है॥37॥

Minister, Doctor and Guru (Mentor) - if these three, out of fear (of displeasure) or hope (of benefit) speak dear , then (respectively) state, body and religion - these Three are soon destroyed ||37||

टिप्पणी: आपके साथी या दोस्त या वकील, आपके डॉक्टर और आपके गुरु को हमेशा सही बात बोलनी चाहिए, भले ही वह आपकी सोच के खिलाफ हो और आपको अपना अहंकार छोड़ने की कीमत चुकानी पड़े। अन्यथा पतन निश्चित है।

Comment: Your accompalice or friend or advocate, your doctor and your mentor should always tell you the right thing even if it is against your thinking and cost you leaving your ego. Else the downfall is assured.

चौपाई : 38

सोइ रावन कहुँ बनी सहाई। अस्तुति करहिं सुनाइ सुनाई॥
अवसर जानि बिभीषनु आवा। भ्राता चरन सीसु तेहिं नावा॥1॥

पुनि सिरु नाइ बैठ निज आसन। बोला बचन पाइ अनुसासन॥
जौ कृपाल पूँछिहु मोहि बाता। मति अनुरूप कहउँ हित ताता॥2॥

जो आपन चाहै कल्याना। सुजसु सुमति सुभ गति सुख नाना॥
सो परनारि लिलार गोसाईं। तजउ चउथि के चंद कि नाईं॥3॥

चौदह भुवन एक पति होई। भूत द्रोह तिष्टइ नहिं सोई॥
गुन सागर नागर नर जोऊ। अलप लोभ भल कहइ न कोऊ॥4॥

अर्थ:- रावण के लिए भी वही सहायता (संयोग) आ बनी है। मंत्री उसे सुना-सुनाकर (मुँह पर) स्तुति करते हैं। (इसी समय) अवसर जानकर विभीषणजी आए। उन्होंने बड़े भाई के चरणों में सिर नवाया॥1॥

फिर से सिर नवाकर अपने आसन पर बैठ गए और आज्ञा पाकर ये वचन बोले- हे कृपाल जब आपने मुझसे बात (राय) पूछी ही है, तो हे तात! मैं अपनी बुद्धि के अनुसार आपके हित की बात कहता हूँ-॥2॥

जो मनुष्य अपना कल्याण, सुंदर यश, सुबुद्धि, शुभ गति और नाना प्रकार के सुख चाहता हो, वह हे स्वामी! परस्त्री के ललाट को चौथ के चंद्रमा की तरह त्याग दे (अर्थात् जैसे लोग चौथ के चंद्रमा को नहीं देखते, उसी प्रकार परस्त्री का मुख ही न देखे)॥3॥

चौदहों भुवनों का एक ही स्वामी हो, वह भी जीवों से वैर करके ठहर नहीं सकता (नष्ट हो जाता है) जो मनुष्य गुणों का समुद्र और चतुर हो, उसे चाहे थोड़ा भी लोभ क्यों न हो, तो भी कोई भला नहीं कहता॥4॥

The same coincidence has come for Ravana also. The ministers praise him audibly. (At this very moment) knowing the opportunity, Vibhishanji came. He bowed his head at the feet of his elder brother. ||1 ll

After bowing his head again, he sat on his seat and after getting permission, said these words - Oh Lord, when you have asked me my opinion, then O Father! According to my wisdom, I tell you about your welfare - ll2 ll

The person who wants his welfare, fame, good intelligence, auspicious pace and various types of happiness, O Lord! he should leave aside the lust for another woman like the moon of Chauth (that is, just as people do not look at the moon of Chauth, in the same way do not look at the face of another woman) ll3 ll

Even if he is one lord of the fourteen planets, he too can't survive envying the living beings. A person who is an ocean of virtues and clever can (get destroyed), even if he has a little greed, no one says anything good about him.||4 ll

दोहा : 38

काम क्रोध मद लोभ सब नाथ नरक के पंथ।
सब परिहरि रघुबीरहि भजहु भजहिं जेहि संत ॥38॥

अर्थ:- हे नाथ! काम, क्रोध, मद और लोभ- ये सब नरक के रास्ते हैं, इन सबको छोड़कर श्री रामचंद्रजी को भजिए, जिन्हें संत (सत्पुरुष) भजते हैं ॥38॥

Hey master! Lust, anger, pride and greed - all these are the paths to hell, leave them all and worship Shri Ramchandraji, whom saints (good men) worship. ll38 ll

टिप्पणी: नैतिक रूप से सफलता प्राप्त करने के लिए विशेषज्ञ की सलाह हमेशा एक मुख्य घटक होती है। मनुष्य को सभी नकारात्मक गुणों को छोड़कर सन्मार्ग पर चलना चाहिए। नैतिकता से प्राप्त सफलता धन, नाम और प्रसिद्धि की ओर ले जाती है।

Comment: Expert advice is always a main constituent of achieving success, ethically. Leaving all negative traits, a person should follow the right path. Success achieved with ethics leads to wealth, name and fame.

चौपाई : 39

तात राम नहिं नर भूपाला। भुवनेस्वर कालहु कर काला॥
ब्रह्म अनामय अज भगवंता। ब्यापक अजित अनादि अनंता॥1॥

गो द्विज धेनु देव हितकारी। कृपा सिंधु मानुष तनुधारी॥
जन रंजन भंजन खल ब्राता। बेद धर्म रच्छक सुनु भ्राता॥2॥

ताहि बयरु तजि नाइअ माथा। प्रनतारति भंजन रघुनाथा॥
देहु नाथ प्रभु कहुँ बैदेही। भजहु राम बिनु हेतु सनेही॥3॥

सरन गएँ प्रभु ताहु न त्यागा। बिस्व द्रोह कृत अघ जेहि लागा॥
जासु नाम त्रय ताप नसावन। सोइ प्रभु प्रगट समुझु जियँ रावन॥4॥

अर्थः-हे तात! राम मनुष्यों के ही राजा नहीं हैं। वे समस्त लोकों के स्वामी और काल के भी काल हैं। वे (संपूर्ण ऐश्वर्य, यश, श्री, धर्म, वैराग्य एवं ज्ञान के भंडार) भगवान् हैं, वे निरामय (विकाररहित), अजन्मे, व्यापक, अजेय, अनादि और अनंत ब्रह्म हैं॥1॥

उन कृपा के समुद्र भगवान् ने पृथ्वी, ब्राह्मण, गो और देवताओं का हित करने के लिए ही मनुष्य शरीर धारण किया है। हे भाई! सुनिए, वे सेवकों को आनंद देने वाले, दुष्टों के समूह का नाश करने वाले और वेद तथा धर्म की रक्षा करने वाले हैं॥2॥

वैर त्यागकर उन्हें मस्तक नवाइए। वे श्री रघुनाथजी शरणागत का दुःख नाश करने वाले हैं। हे नाथ! उन प्रभु (सर्वेश्वर) को जानकीजी दे दीजिए और बिना ही कारण स्नेह करने वाले श्री रामजी को भजिए॥3॥

जिसे संपूर्ण जगत् से द्रोह करने का पाप लगा है, शरण जाने पर प्रभु उसका भी त्याग नहीं करते। जिनका नाम तीनों तापों का नाश करने वाला है, वे ही प्रभु (भगवान्) मनुष्य रूप में प्रकट हुए हैं। हे रावण! हृदय में यह समझ लीजिए॥4॥

Oh father! Ram is not the king of humans only. He is the master of all the worlds and also of time itself. He (the storehouse of complete opulence, fame, glory, religion, dispassion and knowledge) is the Lord; He is the niramaya (without disorder), the unborn, the all-pervading, the invincible, the eternal and the infinite Brahma.||1||

He has assumed a human body only to benefit the cows and the gods. Hey brother! Listen, he is the one who gives happiness to the devotees, destroys the group of evil people and protects the Vedas and Dharma. ||2||

Give up enmity and bow to him. He, Shri Raghunathji destroys the sorrow of who has surrendered to him. Hey Nath! Give Janakiji to that Lord (Sarveshwar) and worship Shri Ramji who loves without any reason. ||3||.

The one who has committed the sin of betraying the entire world, even then, the Lord does not abandon him if he goes to Him (the Lord) for refuge. The one whose name is destroyer of all three fires; it is Prabhu (God) who has appeared in human form. Hey Ravana! Understand this in your heart ll4 ll

दोहा : 39

बार बार पद लागउँ बिनय करउँ दससीस।
परिहरि मान मोह मद भजहु कोसलाधीस॥39क॥

मुनि पुलस्ति निज सिष्य सन कहि पठई यह बात।
तुरत सो मैं प्रभु सन कही पाइ सुअवसरु तात॥39ख॥

अर्थः- हे दशशीश! मैं बार-बार आपके चरणों लगता हूँ और विनती करता हूँ कि मान, मोह और मद को त्यागकर आप कोसलपति श्री रामजी का भजन कीजिए॥39 (क)॥

मुनि पुलस्त्यजी ने अपने शिष्य के हाथ यह बात कहला भेजी है। हे तात! सुंदर अवसर पाकर मैंने तुरंत ही वह बात प्रभु (आप) से कह दी॥39 (ख)॥

Hey Dashashish! (Ten headed) I fall at your feet again and again and request you to give up pride, attachment and pride and worship Kosalapati Shri Ramji.||39 (a)||

Sage Pulastyaji has sent this message through his disciple. Oh father! On getting a right opportunity, I immediately have told that thing to the Lord (You)||39 (b)||

चौपाई : 40
माल्यवंत अति सचिव सयाना। तासु बचन सुनि अति सुख माना॥
तात अनुज तव नीति बिभूषन। सो उर धरहु जो कहत बिभीषन॥1॥

रिपु उतकरष कहत सठ दोऊ। दूरि न करहु इहाँ हइ कोऊ॥
माल्यवंत गह गयउ बहोरी। कहइ बिभीषनु पुनि कर जोरी॥2॥

सुमति कुमति सब कें उर रहहीं। नाथ पुरान निगम अस कहहीं॥
जहाँ सुमति तहँ संपति नाना। जहाँ कुमति तहँ बिपति निदाना॥3॥

तव उर कुमति बसी बिपरीता। हित अनहित मानहु रिपु प्रीता॥
कालराति निसिचर कुल केरी। तेहि सीता पर प्रीति घनेरी॥4॥

अर्थ:- माल्यवान् नाम का एक बहुत ही बुद्धिमान मंत्री था। उसने उन (विभीषण) के वचन सुनकर बहुत सुख माना (और कहा-) हे तात! आपके छोटे भाई नीति विभूषण (नीति को भूषण रूप में धारण करने वाले अर्थात् नीतिमान्) हैं। विभीषण जो कुछ कह रहे हैं उसे हृदय में धारण कर लीजिए॥1॥

(रावन ने कहा-) ये दोनों मूर्ख शत्रु की महिमा बखान रहे हैं। यहाँ कोई है? इन्हें दूर करो न! तब माल्यवान् तो घर लौट गया और विभीषणजी हाथ जोड़कर फिर कहने लगे-॥2॥

हे नाथ! पुराण और वेद ऐसा कहते हैं कि सुबुद्धि (अच्छी बुद्धि) और कुबुद्धि (खोटी बुद्धि) सबके हृदय में रहती है, जहाँ सुबुद्धि है, वहाँ नाना प्रकार की संपदाएँ (सुख की स्थिति) रहती हैं और जहाँ कुबुद्धि है वहाँ परिणाम में विपत्ति (दुःख) रहती है॥3॥

आपके हृदय में उलटी बुद्धि आ बसी है। इसी से आप हित को अहित और शत्रु को मित्र मान रहे हैं। जो राक्षस कुल के लिए कालरात्रि (के समान) हैं, उन सीता पर आपकी बड़ी प्रीति है॥4॥

There was a very intelligent minister named Malyavan. He felt very happy after listening to those (Vibhishana) words (and said-) Oh father! Your younger brother is Niti Vibhushan (one who wears policy as an ornament i.e. a man of principles). Take to heart whatever Vibhishana is saying.||1||

(Ravana said -) These two fools are praising the enemy. Is anyone here? Get rid of them! Then Malyvan returned home and Vibhishanji folded his hands and again said ||2||

O Lord! Puranas and Vedas say that Subuddhi (good intelligence) and Kubuddhi (false intelligence) reside in everyone's heart, where there is good intelligence, there are various types of wealth (state of happiness) and where there is bad intelligence, the result is calamity (sorrow). ||3||

The wrong intellect has settled in your heart. Due to this you are considering good as harm and enemy as friend. You have great love for Sita, who is like Kaalratri for the Rakshasa clan.||4||

दोहा : 40
तात चरन गहि मागउँ राखहु मोर दुलार।
सीता देहु राम कहुँ अहित न होइ तुम्हारा॥40॥

अर्थ:-हे तात! मैं चरण पकड़कर आपसे भीख माँगता हूँ (विनती करता हूँ)। कि आप मेरा दुलार रखिए (मुझ बालक के आग्रह को स्नेहपूर्वक स्वीकार कीजिए) श्री रामजी को सीताजी दे दीजिए, जिसमें आपका अहित न हो॥40॥

Oh father! I hold your feet and beg (request) you. That you keep loving me (accept the request of me as a child affectionately) and give Sitaji to Shri Ramji, in which there will be no harm to you. ll40 ll

टिप्पणी: यदि आपके शुभचिंतकों द्वारा या आपके गुरु या विशेषज्ञ टीम के सदस्य द्वारा बार-बार कोई सुझाव दिया जा रहा है तो उसे सुनना और विश्लेषण करना चाहिए। आने वाली स्थितियों के बारे में दी जा रही या बताई जा रही चेतावनी को कभी भी नजरअंदाज न करें। इसे नोट करें और बाद में किसी भी असुविधा से बचने के लिए सक्रिय रूप से खुद को तैयार करें। अच्छी बुद्धि समग्र सफलता की कुंजी है और खराब बुद्धि जीवन में भारी असफलताओं का कारण बनती है।

Comment: If any suggestion is repeatedly being given by your well wishers or your mentors or expert team members, it should be heard and analysed. Never ignore the warning being given or mentioned about the situations ahead. Note it and proactively prepare self accordingly avoiding any inconvenience later. Good intellect is the key to overall success and bad intellect causes drastic failures in life.

चौपाई : 41

बुध पुरान श्रुति संमत बानी। कही बिभीषन नीति बखानी॥
सुनत दसानन उठा रिसाई। खल तोहिं निकट मृत्यु अब आई॥1॥

जिअसि सदा सठ मोर जिआवा। रिपु कर पच्छ मूढ़ तोहि भावा॥
कहसि न खल अस को जग माहीं। भुज बल जाहि जिता मैं नाहीं॥2॥

मम पुर बसि तपसिन्ह पर प्रीती। सठ मिलु जाइ तिन्हहि कहु नीती॥
अस कहि कीन्हेसि चरन प्रहारा। अनुज गहे पद बारहिं बारा॥3॥

उमा संत कइ इहइ बड़ाई। मंद करत जो करइ भलाई॥
तुम्ह पितु सरिस भलेहिं मोहि मारा। रामु भजें हित नाथ तुम्हारा॥4॥

सचिव संग लै नभ पथ गयऊ। सबहि सुनाइ कहत अस भयऊ॥5॥

अर्थ:- विभीषण ने पंडितों, पुराणों और वेदों द्वारा सम्मत (अनुमोदित) वाणी से नीति बखानकर कही। पर उसे सुनते ही रावण क्रोधित होकर उठा और बोला कि रे दुष्ट! अब मृत्यु तेरे निकट आ गई है!॥1॥

अरे मूर्ख! तू जीता तो है सदा मेरा जिलाया हुआ (अर्थात् मेरे ही अन्न से पल रहा है), पर हे मूढ़! पक्ष तुझे शत्रु का ही अच्छा लगता है। अरे दुष्ट! बता न, जगत् में ऐसा कौन है जिसे मैंने अपनी भुजाओं के बल से न जीता हो?॥2॥

मेरे नगर में रहकर प्रेम करता है तपस्वियों पर। मूर्ख! उन्हीं से जा मिल और उन्हीं को नीति बता। ऐसा कहकर रावण ने उन्हें लात मारी, परंतु छोटे भाई विभीषण ने (मारने पर भी) बार-बार उसके चरण ही पकड़े॥3॥

(शिवजी कहते हैं-) हे उमा! संत की यही बड़ाई (महिमा) है कि वे बुराई करने पर भी (बुराई करने वाले की) भलाई ही करते हैं। (विभीषणजी ने कहा-) आप मेरे पिता के समान हैं, मुझे मारा सो तो अच्छा ही किया, परंतु हे नाथ! आपका भला श्री रामजी को भजने में ही है॥4॥

(इतना कहकर) विभीषण अपने मंत्रियों को साथ लेकर आकाश मार्ग में गए और सबको सुनाकर वे ऐसा कहने लगे-॥5॥

Vibhishan spoke the policy in a voice approved by the pundits, Puranas and Vedas. But on hearing this, Ravana got up in anger and said, O wicked one! Now death has come near you! ॥1॥

Oh fool! You are alive as I have kept you alive (that is, you are living on my food only), but you fool! You like the enemy's side only. Oh wicked! Tell me, who is there in the world whom I have not won with the strength of my arms?||2||

You live in my city and love the ascetics. Idiot Go meet them and tell them the policy. Saying this, Ravana kicked him, but younger brother Vibhishana repeatedly held his feet (even after hitting him) ॥3॥

(Shivji says-) Hey Uma! The greatness (glory) of a saint is that even after facing evil, he does good (to the evildoer). (Vibhishanaji said-) You are like my father, you have the right of hitting me, but oh Lord! It is good for you only to worship Shri Ramji. ll4 ll

(Having said this) Vibhishana took his ministers along with him through the sky path (air travel through Vimana) and after referring it to everyone, he started saying - ll5 ll

टिप्पणी: सफलता के रहस्यों को उजागर करने वाले महाकाव्यों की सूक्तियों को कभी नजरअंदाज न करें क्योंकि वह ऋषियों के ज्ञान और अनुभवों का संग्रह है।

Comment: Never ignore the axioms of epics that reveal secrets of success as that is the collection of wisdom and experiences of sages.

दोहा : 41

रामु सत्यसंकल्प प्रभु सभा कालबस तोरि।
मैं रघुबीर सरन अब जाउँ देहु जनि खोरि॥41॥

अर्थः- श्री रामजी सत्य संकल्प एवं (सर्वसमर्थ) प्रभु हैं और (हे रावण) तुम्हारी सभा काल के वश है। अतः मैं अब श्री रघुवीर की शरण जाता हूँ, मुझे दोष न देना॥41॥

Shri Ramji is a true resolution and (all-powerful) Lord and (O Ravana) your entire gathering is now under the control of bad time. Therefore, I now seek refuge in Shri Raghuveer, don't blame me ll41 ll

टिप्पणी: जब आप अपनी कीमत समझने लगें, तो उन लोगों को छोड़ दें जो आपकी उपस्थिति को महत्व नहीं देते।

Comment: When you start seeing your worth, leave those who don’t value your presence.

चौपाई : 42

अस कहि चला बिभीषनु जबहीं। आयू हीन भए सब तबहीं॥
साधु अवग्या तुरत भवानी। कर कल्यान अखिल कै हानी॥1॥

रावन जबहिं बिभीषन त्यागा। भयउ बिभव बिनु तबहिं अभागा॥
चलेउ हरषि रघुनायक पाहीं। करत मनोरथ बहु मन माहीं॥2॥

देखिहउँ जाइ चरन जलजाता। अरुन मृदुल सेवक सुखदाता॥
जे पद परसि तरी रिषनारी। दंडक कानन पावनकारी॥3॥

जे पद जनकसुताँ उर लाए। कपट कुरंग संग धर धाए॥
हर उर सर सरोज पद जेई। अहोभाग्य मैं देखिहउँ तेई॥4॥

अर्थ:- ऐसा कहकर विभीषणजी ज्यों ही चले, त्यों ही सब राक्षस आयुहीन हो गए। (उनकी मृत्यु निश्चित हो गई)। (शिवजी कहते हैं-) हे भवानी! साधु का अपमान तुरंत ही संपूर्ण कल्याण की हानि (नाश) कर देता है॥1॥

रावण ने जिस क्षण विभीषण को त्यागा, उसी क्षण वह अभागा वैभव (ऐश्वर्य) से हीन हो गया। विभीषणजी हर्षित होकर मन में अनेकों मनोरथ करते हुए श्री रघुनाथजी के पास चले॥2॥

(वे सोचते जाते थे-) मैं जाकर भगवान् के कोमल और लाल वर्ण के सुंदर चरण कमलों के दर्शन करूँगा, जो सेवकों को सुख देने वाले हैं, जिन चरणों का स्पर्श पाकर ऋषि पत्नी अहल्या तर गईं और जो दंडकवन को पवित्र करने वाले हैं॥3॥

जिन चरणों को जानकीजी ने हृदय में धारण कर रखा है, जो कपटमृग के साथ पृथ्वी पर (उसे पकड़ने को) दौड़े थे और जो चरणकमल साक्षात् शिवजी के हृदय रूपी सरोवर में विराजते हैं, मेरा अहोभाग्य है कि उन्हीं को आज मैं देखूँगा॥4॥

Saying this, as Vibhishanji left, all the demons became ageless. (their death became certain). (Shivji says-) O Bhavani! Insulting a sage immediately leads to loss (destroys) of the entire welfare. ||1||

The moment Ravana abandoned Vibhishana, that unfortunate man became inferior in glory. Vibhishanji became happy and went to Shri Raghunathji with many wishes in his mind. ll2 ll

(He used to think -) I will go and see the soft and red beautiful lotus feet of the Lord, which gives happiness to the devotees, whose feet were touched by the sage's wife (Ahilya) and which makes Dandakavan pure. ||3||

The feet which Janakiji has kept in her heart, which ran on the earth with the deceitful deer (to catch it) and which lotus feet actually reside in the lake of Lord Shiva's heart, it is my good fortune that I will see them today only . ||4 ll

टिप्पणी: शुभचिंतकों को कभी भी अपना साथ न छोड़ने दें. किसी भी परिस्थिति में उनका हमेशा सम्मान करें और उन्हें बनाए रखें। यदि वे आपको छोड़ देते हैं, तो यह प्रतिकूल परिस्थितियों के लिए आपके घात के लिए जगह बना सकता है।

Comment: Never ever let the well wishers leave you. Always respect and retain them under any circumstance. If they leave you, it can create a space for adversities to ambush you.

दोहा : 42

जिन्ह पायन्ह के पादुकन्हि भरतु रहे मन लाइ।
ते पद आजु बिलोकिहउँ इन्ह नयनन्हि अब जाइ॥42॥

अर्थ:- जिन चरणों की पादुकाओं में भरतजी ने अपना मन लगा रखा है, अहा! आज मैं उन्हीं चरणों को अभी जाकर इन नेत्रों से देखूँगा॥42॥

The feet, on the sandals of which Bharatji has concentrated his mind, Aha! Today I will go and see those same feet with these eyes.||42 ll

चौपाई : 43

ऐहि बिधि करत सप्रेम बिचारा। आयउ सपदि सिंदु एहिं पारा॥
कपिन्ह बिभीषनु आवत देखा। जाना कोउ रिपु दूत बिसेषा॥1॥

ताहि राखि कपीस पहिं आए। समाचार सब ताहि सुनाए॥
कह सुग्रीव सुनहु रघुराई। आवा मिलन दसानन भाई॥2॥

कह प्रभु सखा बूझिए काहा। कहइ कपीस सुनहु नरनाहा॥
जानि न जाइ निसाचर माया। कामरूप केहि कारन आया॥3॥

भेद हमार लेन सठ आवा। राखिअ बाँधि मोहि अस भावा॥
सखा नीति तुम्ह नीकि बिचारी। मम पन सरनागत भयहारी॥4॥

सुनि प्रभु बचन हरष हनुमाना। सरनागत बच्छल भगवाना॥5॥

अर्थः- इस प्रकार प्रेमसहित विचार करते हुए वे शीघ्र ही समुद्र के इस पार (जिधर श्री रामचंद्रजी की सेना थी) आ गए। वानरों ने विभीषण को आते देखा तो उन्होंने जाना कि शत्रु का कोई खास दूत है॥1॥

उन्हें (पहरे पर) ठहराकर वे सुग्रीव के पास आए और उनको सब समाचार कह सुनाए। सुग्रीव ने (श्री रामजी के पास जाकर) कहा- हे रघुनाथजी! सुनिए, रावण का भाई (आप से) मिलने आया है॥2॥

प्रभु श्री रामजी ने कहा- हे मित्र! तुम क्या समझते हो (तुम्हारी क्या राय है)? वानरराज सुग्रीव ने कहा- हे महाराज! सुनिए, राक्षसों की माया जानी नहीं जाती। यह इच्छानुसार रूप बदलने वाला (छली) न जाने किस कारण आया है॥3॥

(जान पड़ता है) यह मूर्ख हमारा भेद लेने आया है, इसलिए मुझे तो यही अच्छा लगता है कि इसे बाँध रखा जाए। (श्री रामजी ने कहा-) हे मित्र! तुमने नीति तो अच्छी विचारी, परंतु मेरा प्रण तो है शरणागत के भय को हर लेना!॥4॥

प्रभु के वचन सुनकर हनुमान्जी हर्षित हुए (और मन ही मन कहने लगे कि) भगवान् कैसे शरणागतवत्सल (शरण में आए हुए पर पिता की भाँति प्रेम करने वाले) हैं॥5॥

Thinking thus with love, they all quickly came to this side of the sea (where Shri Ramchandraji's army was). When the monkeys saw Vibhishana coming, they realized that there was a special messenger of the enemy. ||1||

After keeping him (on guard), they came to Sugriva and told him all the news. Sugriva (going to Shri Ramji) said – O Raghunathji! Listen, Ravana's brother has come to meet (you). ||2||

Lord Shri Ramji said - O friend! What do you think (what is your opinion)? Monkey king Sugriva said- Oh Maharaj! Listen, the illusion of demons is not known. Don't know for what reason he (Vibhishanji) who changes form as per his wish (deceit) has come.||3 ll

(It seems) this fool has come to spy on us, so I prefer that he be tied up. (Shri Ramji said-) Hey friend! Your policy is well thought out, but my vow is to remove the fear of the one who surrenders! ll4 ll

Hearing the words of the Lord, Hanumanji became happy (and started saying in his mind) what a God who loves like a father to the one who has taken his refuge . ll5 ll

टिप्पणी: किसी भी व्यक्ति पर भरोसा करने से पहले उसकी साख की जांच कर लें। अपनी टीम/परिवार या उद्देश्य में जोड़ने से पहले उसके परिवार, पृष्ठभूमि, शिक्षा और अन्य प्रासंगिक चीजों के बारे में सब कुछ जान लें।

Comment: Cross check the credentials of any person before putting your trust in him. Know everything about his family, background, education and other such relevants before adding to your team/family or mission.

दोहा : 43
सरनागत कहुँ जे तजहिं निज अनहित अनुमानि।
ते नर पावँर पापमय तिन्हहि बिलोकत हानि॥43॥

अर्थ:- (श्री रामजी फिर बोले-) जो मनुष्य अपने अहित का अनुमान करके शरण में आए हुए का त्याग कर देते हैं, वे पामर (क्षुद्र) हैं, पापमय हैं, उन्हें देखने में भी हानि है (पाप लगता है)॥43॥

(Shri Ramji again said -) People who abandon the one who has come to seek their refuge (after estimating their own harm) they are petty, sinful, even looking at those people is harmful (seems like a sin) ॥43॥

टिप्पणी: जरूरतमंदों की मदद करना और जरूरत के समय शरणार्थियों की रक्षा करना एक दयालु और बुद्धिमान व्यक्ति का गुण है।

Comment: Helping the needy and protecting the refugee in their hours of need is the trait of a kind and wise person.

चौपाई : 44
कोटि बिप्र बध लागहिं जाहू। आएँ सरन तजउँ नहिं ताहू॥
सनमुख होइ जीव मोहि जबहीं। जन्म कोटि अघ नासहिं तबहीं॥1॥

पापवंत कर सहज सुभाऊ। भजनु मोर तेहि भाव न काऊ॥
जौं पै दुष्ट हृदय सोइ होई। मोरें सनमुख आव कि सोई॥2॥

निर्मल मन जन सो मोहि पावा। मोहि कपट छल छिद्र न भावा॥
भेद लेन पठवा दससीसा। तबहुँ न कछु भय हानि कपीसा॥3॥

जग महुँ सखा निसाचर जेते। लछिमनु हनइ निमिष महुँ तेते॥
जौं सभीत आवा सरनाईं। रखिहउँ ताहि प्रान की नाईं॥4॥

अर्थ:- जिसे करोड़ों ब्राह्मणों की हत्या लगी हो, शरण में आने पर मैं उसे भी नहीं त्यागता। जीव ज्यों ही मेरे सम्मुख होता है, त्यों ही उसके करोड़ों जन्मों के पाप नष्ट हो जाते हैं॥1॥

पापी का यह सहज स्वभाव होता है कि मेरा भजन उसे कभी नहीं सुहाता। यदि वह (रावण का भाई) निश्चय ही दुष्ट हृदय का होता तो क्या वह मेरे सम्मुख आ सकता था?॥2॥

जो मनुष्य निर्मल मन का होता है, वही मुझे पाता है। मुझे कपट और छल-छिद्र नहीं सुहाते। यदि उसे रावण ने भेद लेने को भेजा है, तब भी हे सुग्रीव! अपने को कुछ भी भय या हानि नहीं है॥3॥

क्योंकि हे सखे! जगत में जितने भी राक्षस हैं, लक्ष्मण क्षणभर में उन सबको मार सकते हैं और यदि वह भयभीत होकर मेरी शरण आया है तो मैं तो उसे प्राणों की तरह रखूँगा॥4॥

I never abandon even the one who is accused of killing crores of Brahmins when he comes to me for refuge. As soon as a living being is in front of me, his sins of millions of births are destroyed. ||1||

It is the inherent nature of a sinner that my hymns never suit him. If he (Ravana's brother) was definitely of an evil heart, could he have come before me? ||2||

Only the person who has a pure heart finds me. I don't like fraud and deceit. Even if Ravana has sent him to spy, O Sugriva! There is no fear or harm to us in this.||3||

Because O friend!, Lakshman can kill all the demons in the world in a moment and if he has come to me out of fear, then I will protect him as if I protect my life. ||4||

टिप्पणी: दुष्ट मानसिकता वाले व्यक्ति के मन में सदैव हीन भावना बनी रहेगी। दोस्ती के लिए उनका हाथ स्वीकार करने से पहले समझदारी से निर्णय लें। यदि वह सुधार के लिए सभी नकारात्मक गुणों का त्याग करने को तैयार है, तो उसे एक मौका दें। लेकिन वह आखिरी और एकमात्र मौका होना चाहिए. एक कहावत कहती है... एक बार की गई बुराई अनजाने में की गई गलती हो सकती है, दो बार की गई गलती सोची-समझी गलती हो सकती है, लेकिन तीन बार की गई बुराई जानबूझकर किया गया अपराध है।

Comment: There will always be an inferiority complex in the mind of an evil minded. Wisely judge that before accepting their hand for friendship. If he is ready for surrendering all negative traits to improve, give him a chance. But that should be the last and only chance. An axiom says...Evil done once might be an unintentional mistake, done twice might be a thought one but done thrice is an intentionally committed crime.

दोहा : 44

उभय भाँति तेहि आनहु हँसि कह कृपानिकेत।
जय कृपाल कहि कपि चले अंगद हनू समेत॥44॥

अर्थः- कृपा के धाम श्री रामजी ने हँसकर कहा- दोनों ही स्थितियों में उसे ले आओ। तब अंगद और हनुमान् सहित सुग्रीवजी 'कपालु श्री रामजी की जय हो' कहते हुए चले॥44॥

Shri Ramji, the abode of grace, laughed and said –in both the situations, bring him . Then Sugrivaji along with Angad and Hanuman went saying 'Hail merciful Shri Ramji'.||44 ll

चौपाई : 45

सादर तेहि आगें करि बानर। चले जहाँ रघुपति करुनाकर॥
दूरिहि ते देखे द्वौ भ्राता। नयनानंद दान के दाता॥1॥

बहुरि राम छबिधाम बिलोकी। रहेउ ठटुकि एकटक पल रोकी॥
भुज प्रलंब कंजारुन लोचन। स्यामल गात प्रनत भय मोचन॥2॥

सिंह कंध आयत उर सोहा। आनन अमित मदन मन मोहा॥
नयन नीर पुलकित अति गाता। मन धरि धीर कही मृदु बाता॥3॥

नाथ दसानन कर मैं भ्राता। निसिचर बंस जनम सुरत्राता॥
सहज पापप्रिय तामस देहा। जथा उलूकहि तम पर नेहा॥4॥

अर्थः- विभीषणजी को आदर सहित आगे करके वानर फिर वहाँ चले, जहाँ करुणा की खान श्री रघुनाथजी थे। नेत्रों को आनंद का दान देने वाले (अत्यंत सुखद) दोनों भाइयों को विभीषणजी ने दूर ही से देखा॥1॥

फिर शोभा के धाम श्री रामजी को देखकर वे पलक (मारना) रोककर ठिठककर (स्तब्ध होकर) एकटक देखते ही रह गए। भगवान् की विशाल भुजाएँ हैं लाल कमल के समान नेत्र हैं और शरणागत के भय का नाश करने वाला साँवला शरीर है॥2॥

सिंह के से कंधे हैं, विशाल वक्षःस्थल (चौड़ी छाती) अत्यंत शोभा दे रहा है। असंख्य कामदेवों के मन को मोहित करने वाला मुख है। भगवान् के स्वरूप को देखकर विभीषणजी के नेत्रों में (प्रेमाश्रुओं का) जल भर आया और शरीर अत्यंत पुलकित हो गया। फिर मन में धीरज धरकर उन्होंने कोमल वचन कहे॥3॥

हे नाथ! मैं दशमुख रावण का भाई हूँ। हे देवताओं के रक्षक! मेरा जन्म राक्षस कुल में हुआ है। मेरा तामसी शरीर है, स्वभाव से ही मुझे पाप प्रिय हैं, जैसे उल्लू को अंधकार पर सहज स्नेह होता है॥4॥

With due respect to Vibhishanji, the monkeys then went where Shri Raghunathji, the mine of compassion, was. Vibhishan ji saw, from a distance, the two brothers who were giving pleasure to the eyes (extremely pleasant) ||1||

And then seeing Shri Ram ji in the abode of beauty, he stopped blinking and remained stunned. The Lord has huge arms, eyes like red lotus and a dark body that destroys the fear of the refugee. ll2 ll

He has shoulders like a lion, his huge chest (broad chest) is very beautiful. He has a face that fascinates the minds of innumerable Kamdevs. Seeing this form of God, Vibhishanji's eyes filled with tears of love and his body became very excited. Then with patience in his mind he said gentle words.||3 ll

O Nath! I am the brother of Dashmukh Ravana. O protector of the gods! I was born in a demon clan. I have an avengeful body, by nature I love sins, just as an owl has an instinctive love for darkness. ll4 ll

टिप्पणी: प्रतिस्पर्धा, शत्रु के अच्छे गुण, बुरे समय से मिली अच्छी सीख का हमेशा सम्मान करना चाहिए।

Comment: The competition, good qualities of enemy, good learnings out of bad time should always be respected.

दोहा : 45

श्रवन सुजसु सुनि आयउँ प्रभु भंजन भव भीर।
त्राहि त्राहि आरति हरन सरन सुखद रघुबीर॥45॥

अर्थ:- मैं कानों से आपका सुयश सुनकर आया हूँ कि प्रभु भव (जन्म-मरण) के भय का नाश करने वाले हैं। हे दुखियों के दुःख दूर करने वाले और शरणागत को सुख देने वाले श्री रघुवीर! मेरी रक्षा कीजिए, रक्षा कीजिए॥45॥

I have heard from my ears that God destroys the fear of birth and death. O Shri Raghuveer, who removes the sorrows of the afflicted and gives happiness to those who surrender themselves!, Protect me, protect me ll45 ll

चौपाई : 46

अस कहि करत दंडवत देखा। तुरत उठे प्रभु हरष बिसेषा॥
दीन बचन सुनि प्रभु मन भावा। भुज बिसाल गहि हृदयँ लगावा॥1॥

अनुज सहित मिलि ढिग बैठारी। बोले बचन भगत भय हारी॥
कहु लंकेस सहित परिवारा। कुसल कुठाहर बास तुम्हारा॥2॥

खल मंडली बसहु दिनु राती। सखा धरम निबहइ केहि भाँती॥
मैं जानउँ तुम्हारि सब रीती। अति नय निपुन न भाव अनीती॥3॥

बरु भल बास नरक कर ताता। दुष्ट संग जनि देइ बिधाता॥
अब पद देखि कुसल रघुराया। जौं तुम्ह कीन्हि जानि जन दाया॥4॥

अर्थ:-प्रभु ने उन्हें ऐसा कहकर दंडवत् करते देखा तो वे अत्यंत हर्षित होकर तुरंत उठे। विभीषणजी के दीन वचन सुनने पर प्रभु के मन को बहुत ही भाए। उन्होंने अपनी विशाल भुजाओं से पकड़कर उनको हृदय से लगा लिया॥1॥

छोटे भाई लक्ष्मणजी सहित गले मिलकर उनको अपने पास बैठाकर श्री रामजी भक्तों के भय को हरने वाले वचन बोले- हे लंकेश! परिवार सहित अपनी कुशल कहो। तुम्हारा निवास बुरी जगह पर है॥2॥

दिन-रात दुष्टों की मंडली में बसते हो। (ऐसी दशा में) हे सखे! तुम्हारा धर्म किस प्रकार निभता है? मैं तुम्हारी सब रीति (आचार-व्यवहार) जानता हूँ। तुम अत्यंत नीतिनिपुण हो, तुम्हें अनीति नहीं सुहाती॥3॥

हे तात! नरक में रहना वरन् अच्छा है, परंतु विधाता दुष्ट का संग (कभी) न दे। (विभीषणजी ने कहा-) हे रघुनाथजी! अब आपके चरणों का दर्शन कर कुशल से हूँ, जो आपने अपना सेवक जानकर मुझ पर दया की है॥4॥

When the Lord saw him bowing down saying this, he became very happy and immediately got up. The Lord was very pleased to hear the humble words of Vibhishanji. He held him with his huge arms and hugged him to his heart. ||1 ||

Hugging him along with his younger brother Laxman ji and making him sit near him, Shri Ramji spoke words that dispelled the fear of the devotees - O Lankesh! Tell us about your well-being along with your family. Your residence is in a bad place. ||2||

You live in the company of wicked people day and night. (In such a situation) Oh dear! How do you practice your religion? I know all your manners (behavior). You are very adept at ethics, you do not like unethical behavior.||3||

O father! It is better to live in hell, but God should (never) give company to the wicked. (Vibhishanji said-) O Raghunathji! Now I am feeling well after seeing your feet, considering me as your servant you have shown mercy on me. ||4||

टिप्पणी: बुरे कुल के लोगों, नकारात्मक सोच वाले निराशावादियों, बुरी आदतों वाले और कुटिल मानसिकता वाले लोगों की संगति से बचें। वरना जरूरत पड़ने पर ऐसे लोगों से खुद को प्रतिरक्षित कर लें।

Comment: Avoid the company of people from bad clans, negative minded pessimists, people with bad habits and crooked mentality. Else make yourselves immune to such people if needed to be with.

दोहा : 46
तब लगि कुसल न जीव कहुँ सपनेहुँ मन बिश्राम।
जब लगि भजत न राम कहुँ सोक धाम तजि काम॥46॥

अर्थ:- तब तक जीव की कुशल नहीं और न स्वप्न में भी उसके मन को शांति है, जब तक वह शोक के घर काम (विषय-कामना) को छोड़कर श्री रामजी को नहीं भजता॥46॥

Till then, the living being is not well and neither is his mind at peace even in his dreams, unless he leaves his materialistic objects, lust and desires and worships Shri Ramji. ॥46॥

टिप्पणी: सभी बुरी आदतों, अवास्तविक अपेक्षाओं और अनावश्यक भौतिकवादी चीजों से लगाव को त्याग दें। आप जो भी सोचते और करते हैं उसमें व्यावहारिक और तार्किक रहें। दिन में सपने देखने वालों को परिणाम नहीं मिलते।

Comment: Give up all bad habits, unrealistic expectations and attachments to the unnecessary materialistic things. Be practical and logicall in all that you think and do. Day dreamers dnt get results.

चौपाई : 47
तब लगि हृदयँ बसत खल नाना। लोभ मोह मच्छर मद माना॥
जब लगि उर न बसत रघुनाथा। धरें चाप सायक कटि भाथा॥1॥

ममता तरुन तमी अँधिआरी। राग द्वेष उलूक सुखकारी॥
तब लगि बसति जीव मन माहीं। जब लगि प्रभु प्रताप रबि नाहीं॥2॥

अब मैं कुसल मिटे भय भारे। देखि राम पद कमल तुम्हारे॥
तुम्ह कृपाल जा पर अनुकूला। ताहि न ब्याप त्रिबिध भव सूला॥3॥

मैं निसिचर अति अधम सुभाऊ। सुभ आचरनु कीन्ह नहिं काऊ॥
जासु रूप मुनि ध्यान न आवा। तेहिं प्रभु हरषि हृदयँ मोहि लावा॥4॥

अर्थः- लोभ, मोह, मत्सर (डाह), मद और मान आदि अनेकों दुष्ट तभी तक हृदय में बसते हैं, जब तक कि धनुष-बाण और कमर में तरकस धारण किए हुए श्री रघुनाथजी हृदय में नहीं बसते॥1॥

ममता पूर्ण अँधेरी रात है, जो राग-द्वेष रूपी उल्लुओं को सुख देने वाली है। वह (ममता रूपी रात्रि) तभी तक जीव के मन में बसती है, जब तक प्रभु (आप) का प्रताप रूपी सूर्य उदय नहीं होता॥2॥

हे श्री रामजी! आपके चरणारविन्द के दर्शन कर अब मैं कुशल से हूँ, मेरे भारी भय मिट गए। हे कृपालु! आप जिस पर अनुकूल होते हैं, उसे तीनों प्रकार के भवशूल (आध्यात्मिक, आधिदैविक और आधिभौतिक ताप) नहीं व्यापते॥3॥

मैं अत्यंत नीच स्वभाव का राक्षस हूँ। मैंने कभी शुभ आचरण नहीं किया। जिनका रूप मुनियों के भी ध्यान में नहीं आता, उन प्रभु ने स्वयं हर्षित होकर मुझे हृदय से लगा लिया॥4॥

Many evils like greed, attachment, jealousy, pride and praise etc. reside in the heart only until Shri Raghunathji, wearing a bow & arrow and a quiver in his waist does not reside in the heart.|| 1||.

Affection is a dark night that gives happiness to the owls in the form of attachment and hatred. That (night in the form of motherly affectionate love) resides in the mind of the living being only until the sun in the form of the glory of the Lord (you) does not rise. ll2 ll

O Shri Ramji! After having seen your feet, I am now feeling well, my heavy fears have vanished. O gracious one! The one whom you are favorable to, does not get affected by all the three types of elements (spiritual, natural and physical energy forms) ll3 ll

I am a demon of extremely low nature. I never behaved well. Whose form is not even noticeable to the sages, that Lord himself became happy and embraced me in his heart ll4 ll

टिप्पणी: मनुष्य के बुरे गुण सदैव उसकी सफलता की ओर बढ़ने में बाधक होते हैं। बुद्धिमान पुरुष हमेशा उन्हें छोड़ देते हैं और सभी प्रकार से स्पष्ट होने के लिए आध्यात्मिकता का अभ्यास करते हैं। ऐसे लोग सदैव कर्मों के बुरे प्रभाव से मुक्त रहते हैं।

Comment: Evil virtues of a man always deter his progression towards success. Wise men always leave them and practice spirituality to be clear in all respects. Such people always are free from the malefics of karmic effects.

दोहा : 47

अहोभाग्य मम अमित अति राम कृपा सुख पुंज।
देखेउँ नयन बिरंचि सिव सेब्य जुगल पद कंज॥47॥

अर्थ:- हे कृपा और सुख के पुंज श्री रामजी! मेरा अत्यंत असीम सौभाग्य है, जो मैंने ब्रह्मा और शिवजी के द्वारा सेवित युगल चरण कमलों को अपने नेत्रों से देखा॥47॥

O bundle of grace and happiness, Shri Ramji! It is my immense good fortune that I saw with my own eyes the couple of lotus feet served by Brahma and Shivji. ll47 ll

टिप्पणी: अच्छे लोगों से मिलना और अच्छी संगति हमेशा ईश्वर की कृपा से होती है।

Comment: Meeting good people and good company is always due to god's grace.

चौपाई : 48

सुनहु सखा निज कहउँ सुभाऊ। जान भुसुंडि संभु गिरिजाऊ॥
जौं नर होइ चराचर द्रोही। आवै सभय सरन तकि मोही॥1॥

तजि मद मोह कपट छल नाना। करउँ सद्य तेहि साधु समाना॥
जननी जनक बंधु सुत दारा। तनु धनु भवन सुहृद परिवारा॥2॥

सब कै ममता ताग बटोरी। मम पद मनहि बाँध बरि डोरी॥
समदरसी इच्छा कछु नाहीं। हरष सोक भय नहिं मन माहीं॥3॥

अस सज्जन मम उर बस कैसें। लोभी हृदयँ बसइ धनु जैसें॥
तुम्ह सारिखे संत प्रिय मोरें। धरउँ देह नहिं आन निहोरें॥4॥

अर्थ:- (श्री रामजी ने कहा-) हे सखा! सुनो, मैं तुम्हें अपना स्वभाव कहता हूँ, जिसे काकभुशुण्डि, शिवजी और पार्वतीजी भी जानती हैं। कोई मनुष्य (संपूर्ण) जड़-चेतन जगत् का द्रोही हो, यदि वह भी भयभीत होकर मेरी शरण तक कर आ जाए,॥1॥

और मद, मोह तथा नाना प्रकार के छल-कपट त्याग दे तो मैं उसे बहुत शीघ्र साधु के समान कर देता हूँ। माता, पिता, भाई, पुत्र, स्त्री, शरीर, धन, घर, मित्र और परिवार॥2॥

इन सबके ममत्व रूपी तागों को बटोरकर और उन सबकी एक डोरी बनाकर उसके द्वारा जो अपने मन को मेरे चरणों में बाँध देता है। (सारे सांसारिक संबंधों का केंद्र मुझे बना लेता है), जो समदर्शी है, जिसे कुछ इच्छा नहीं है और जिसके मन में हर्ष, शोक और भय नहीं है॥3॥

ऐसा सज्जन मेरे हृदय में कैसे बसता है, जैसे लोभी के हृदय में धन बसा करता है। तुम सरीखे संत ही मुझे प्रिय हैं। मैं और किसी के निहोरे से (कृतज्ञतावश) देह धारण नहीं करता॥4॥

(Shri Ramji said-) Hey friend! Listen, I tell you my nature, which even Kakabhushundi, Shivji and Parvatiji know. If a person is a traitor to the (entire) inanimate and animate world, if he too gets scared and seeks refuge in me ||1||

And gives up pride, attachment and various kinds of deceptions, then I very quickly turn him into a saint. Mother, father, brother, son, wife, body, wealth, home, friends and family. ||2||

By collecting the threads of attachment of all these (Mother, father, brother, son, wife, body, wealth, home, friends and family) and making a rope out of them all, binds his mind at my feet. (Makes me the center of all worldly relations), who is equanimous, who has no desires and in whose mind there is no joy, sorrow and fear. ll3 ll

Such a gentleman resides in my heart, like wealth in the heart of a greedy person. Only saints like you are dear to me. I do not attain this body for someone else's gaze (out of gratitude) ll4 ll

दोहा : 48

सगुन उपासक परहित निरत नीति दृढ़ नेम।
ते नर प्रान समान मम जिन्ह कें द्विज पद प्रेम॥48॥

अर्थः- जो सगुण (साकार) भगवान् के उपासक हैं, दूसरे के हित में लगे रहते हैं, नीति और नियमों में दृढ़ हैं और जिन्हें ब्राह्मणों के चरणों में प्रेम है, वे मनुष्य मेरे प्राणों के समान हैं॥48॥

Those people who are worshipers of the Saguna (realized) God, are engaged in the welfare of others, are firm in their ethics and rules and who have love for the feet (respect) of Brahmins, those people are like my soul. ll48 ll

टिप्पणी: इस चौपाई 48 और दोहे 48 का अर्थ और महत्व परम हिंदू महाकाव्य "श्रीमद्भगवद गीता" को पढ़कर पता लगाया जा सकता है। यह अत्यधिक अनुशंसा की जाती है कि जीवन के उच्चतम लक्ष्य को प्राप्त करने वाले एक वास्तविक मानव की तरह जीने के लिए हर किसी को इस महाकाव्य को अवश्य पढ़ना चाहिए।

संक्षेप में कहें तो, कोई भी इंसान जिसने अनगिनत गलतियाँ की हैं, अगर वह उनसे सीखता है और सभी को सही करने के लिए लगन से काम करता है, तो आध्यात्मिक रूप से पश्चाताप करने पर भगवान उसे ऐसे पापों से मुक्त कर देते हैं।

Comment: Meaning and significance of this Chaupai 48 and Doha 48 can be explored by reading the ultimate Hindu epic "Shrimad Bhagwad Gita". It is very highly recommended that everyone must read this epic to live like a genuine human achieving the highest aim of life.

To summarize, any human who has committed numerous mistakes, if learns from them and works to correct all diligently, God frees him from such sins if he repents spiritually.

चौपाई : 49

सुनु लंकेस सकल गुन तोरें। तातें तुम्ह अतिसय प्रिय मोरें॥।
राम बचन सुनि बानर जूथा। सकल कहहिं जय कृपा बरूथा॥1॥

सुनत बिभीषनु प्रभु कै बानी। नहिं अघात श्रवनामृत जानी॥
पद अंबुज गहि बारहिं बारा। हृदयँ समात न प्रेमु अपारा॥2॥

सुनहु देव सचराचर स्वामी। प्रनतपाल उर अंतरजामी॥
उर कछु प्रथम बासना रही। प्रभु पद प्रीति सरित सो बही॥3॥

अब कृपाल निज भगति पावनी। देहु सदा सिव मन भावनी॥
एवमस्तु कहि प्रभु रनधीरा। मागा तुरत सिंधु कर नीरा॥4॥

जदपि सखा तव इच्छा नहीं। मोर दरसु अमोघ जग माहीं॥
अस कहि राम तिलक तेहि सारा। सुमन बृष्टि नभ भई अपारा॥5॥

अर्थ:- हे लंकापति! सुनो, तुम्हारे अंदर उपर्युक्त सब गुण हैं। इससे तुम मुझे अत्यंत ही प्रिय हो। श्री रामजी के वचन सुनकर सब वानरों के समूह कहने लगे- कृपा के समूह श्री रामजी की जय हो॥1॥

प्रभु की वाणी सुनते हैं और उसे कानों के लिए अमृत जानकर विभीषणजी अघाते नहीं हैं। वे बार-बार श्री रामजी के चरण कमलों को पकड़ते हैं अपार प्रेम है, हृदय में समाता नहीं है॥2॥

(विभीषण ने कहा-) हे देव! हे चराचर जगत् के स्वामी! हे शरणागत के रक्षक! सबके हृदय के भीतर की जानने वाले! सुनिए, मेरे हृदय में पहले कुछ वासना थी। वह प्रभु के चरणों की प्रीति रूपी नदी में बह गई॥3॥

अब तो हे कृपालु! शिवजी के मन को सदैव प्रिय लगने वाली अपनी पवित्र भक्ति मुझे दीजिए। 'एवमस्तु' (ऐसा ही हो) कहकर रणधीर प्रभु श्री रामजी ने तुरंत ही समुद्र का जल माँगा॥4॥

(और कहा-) हे सखा! यद्यपि तुम्हारी इच्छा नहीं है, पर जगत् में मेरा दर्शन अमोघ है (वह निष्फल नहीं जाता)। ऐसा कहकर श्री रामजी ने उनको राजतिलक कर दिया। आकाश से पुष्पों की अपार वृष्टि हुई॥5॥

Oh Lord of Lanka! Listen, you have all the above mentioned qualities. Because of this you are very dear to me. Hearing the words of Shri Ramji, all the groups of monkeys started saying - Jai Shri Ramji,the Bundle of blessings.‖ 1 ‖

He (Vibhishanji) listens to the voice of the Lord and considers it to be nectar for his ears, Vibhishan ji does not get any movement (still). He repeatedly holds the lotus feet of Shri Ramji, his love is immense, it cannot be contained in his heart. ‖2‖

(Vibhishana said-) Oh God! O Lord of the grazing world! O protector of the surrendered! The one who knows everyone's inner heart! , Listen, earlier there was some lust in my heart. It got swept away in the river of love at the Lord's feet. ‖3‖

Now oh merciful one! Give me your sacred devotion which is always dear to Lord Shiva's heart. Saying 'Evamastu' (May it be so), Randhir Prabhu Shri Ramji immediately asked for sea water.‖4‖

(And said-) O friend! Although it is not your wish, my blessing in the world is infallible (it does not fail). Saying this, Shri Ramji crowned him. There was immense rain of flowers from the sky.‖5‖

दोहा : 49

रावन क्रोध अनल निज स्वास समीर प्रचंड।
जरत बिभीषनु राखेउ दीन्हेउ राजु अखंड॥49क॥

जो संपति सिव रावनहि दीन्हि दिएँ दस माथ।
सोइ संपदा बिभीषनहि सकुचि दीन्हि रघुनाथ॥49ख॥

अर्थ:- श्री रामजी ने रावण की क्रोध रूपी अग्नि में, जो अपनी (विभीषण की) श्वास (वचन) रूपी पवन से प्रचंड हो रही थी, जलते हुए विभीषण को बचा लिया और उसे अखंड राज्य दिया॥49 (क)॥

शिवजी ने जो संपत्ति रावण को दसों सिरों की बलि देने पर दी थी, वही संपत्ति श्री रघुनाथजी ने विभीषण को बहुत सकुचते हुए दी॥49 (ख)॥

Shri Ramji saved Vibhishana from burning in the fire of Ravana's anger, which was raging with the wind of his breath (word) and gave him a unified kingdom. ||49 (a)||

Shri Raghunathji gave the same property without any hesitation to Vibhishanji (Vibhishanji was a bit hesitant) that Shivji gave to Ravan after sacrificing his ten heads.||49 (b)॥

टिप्पणी: यदि सभी विकारों से मुक्त व्यक्ति पवित्र चरित्र बनाए रखे और स्वयं पर पूर्ण विश्वास तथा ईश्वर में विश्वास के साथ कार्य करे तो चमत्कार हो सकते हैं। उस व्यक्ति पर ईश्वर द्वारा अप्रत्याशित लाभ की वर्षा होती है। हो सकता है थोड़ी देर हो जाए लेकिन ऐसा जरूर होता है |

Comment: If a person free from all vices maintains a pious character and works with full confidence in self and faith in god, miracles can happen. Unforeseen profits are showered by almighty on that person. Might be a bit late but this happens for sure.

चौपाई : 50

अस प्रभु छाड़ि भजहिं जे आना। ते नर पसु बिनु पूँछ बिषाना॥
निज जन जानि ताहि अपनावा। प्रभु सुभाव कपि कुल मन भावा॥1॥

पुनि सर्बग्य सर्ब उर बासी। सर्बरूप सब रहित उदासी॥
बोले बचन नीति प्रतिपालक। कारन मनुज दनुज कुल घालक॥2॥

सुनु कपीस लंकापति बीरा। केहि बिधि तरिअ जलधि गंभीरा॥
संकुल मकर उरग झष जाती। अति अगाध दुस्तर सब भाँति॥3॥

कह लंकेस सुनहु रघुनायक। कोटि सिंधु सोषक तव सायक॥
जद्यपि तदपि नीति असि गाई। बिनय करिअ सागर सन जाई॥4॥

अर्थ:- ऐसे परम कृपालु प्रभु को छोड़कर जो मनुष्य दूसरे को भजते हैं, वे बिना सींग-पूँछ के पशु हैं। अपना सेवक जानकर विभीषण को श्री रामजी ने अपना लिया। प्रभु का स्वभाव वानरकुल के मन को (बहुत) भाया॥1॥

फिर सब कुछ जानने वाले, सबके हृदय में बसने वाले, सर्वरूप (सब रूपों में प्रकट), सबसे रहित, उदासीन, कारण से (भक्तों पर कृपा करने के लिए) मनुष्य बने हुए तथा राक्षसों के कुल का नाश करने वाले श्री रामजी नीति की रक्षा करने वाले वचन बोले- ॥2॥

हे वीर वानरराज सुग्रीव और लंकापति विभीषण! सुनो, इस गहरे समुद्र को किस प्रकार पार किया जाए? अनेक जाति के मगर, साँप और मछलियों से भरा हुआ यह अत्यंत अथाह समुद्र पार करने में सब प्रकार से कठिन है॥3॥

विभीषण ने कहा- हे रघुनाथजी! सुनिए, यद्यपि आपका एक बाण ही करोड़ों समुद्रों को सोखने वाला है (सोख सकता है), तथापि नीति ऐसी कही गई है (उचित यह होगा) कि (पहले) जाकर समुद्र से प्रार्थना की जाए॥4॥

People who worship others except the most merciful Lord, are animals without horns and tail. Shri Ramji accepted Vibhishan as his devotee. The nature of the Lord was (very) pleasing to the mind of the monkey clan. ॥1॥

Then the man who knows everything, who resides in everyone's heart, who is omnipresent (manifested in all forms), who is devoid of all, is indifferent, without a reason (to show kindness to the devotees). Shri Ramji, who was present to destroy the clan of demons, spoke ethical words stating his policy||2||

O brave monkey king Sugriva and king of Lanka Vibhishan! Listen, how to cross this deep sea? This extremely bottomless ocean, filled with crocodiles, snakes and fishes of many species, is difficult in every way to cross. ||3||

Vibhishan said - O Raghunathji! Listen, although your single arrow can absorb (dry up) millions of oceans, yet the ethics say (it would be appropriate) that one should (first) go and pray to the ocean. ll4 ll

दोहा : 50

प्रभु तुम्हार कुलगुर जलधि कहिहि उपाय बिचारि॥
बिनु प्रयास सागर तरिहि सकल भालु कपि धारि॥50॥

अर्थ:- हे प्रभु! समुद्र आपके कुल में बड़े (पूर्वज) हैं, वे विचारकर उपाय बतला देंगे। तब रीछ और वानरों की सारी सेना बिना ही परिश्रम के समुद्र के पार उतर जाएगी॥50॥

Oh God! Samudra is the elder (ancestor) of your family, he will think about it and suggest a solution. Then the entire army of bears and monkeys will cross the ocean without any effort.50 ll

टिप्पणी: कभी-कभी बच्चा ही आदमी का पिता होता है, यह कहावत यहां सटीक बैठती है। एक कुशल टीम लीडर आपसी सहमति पर पहुंचने के लिए हमेशा टीम के प्रत्येक सदस्य से सलाह लेता है। निर्णय लेने में नैतिक दृष्टिकोण हमेशा लाभदायक होता है।

Comment: Sometimes, Child is the father of man, this saying is accurate here. An efficient team leader always seekd advice from each and every team member to arrive at a mutual consent. Ethical approach in deciding always pays.

चौपाई : 51

सखा कही तुम्ह नीति उपाई। करिअ दैव जौं होइ सहाई।
मंत्र न यह लछिमन मन भावा। राम बचन सुनि अति दुख पावा॥1॥

नाथ दैव कर कवन भरोसा। सोषिअ सिंधु करिअ मन रोसा॥
कादर मन कहुँ एक अधारा। दैव दैव आलसी पुकारा॥2॥

सुनत बिहसि बोले रघुबीरा। ऐसेहिं करब धरहु मन धीरा॥
अस कहि प्रभु अनुजहि समुझाई। सिंधु समीप गए रघुराई॥3॥

प्रथम प्रनाम कीन्ह सिरु नाई। बैठे पुनि तट दर्भ डसाई॥
जबहिं बिभीषन प्रभु पहिं आए। पाछें रावन दूत पठाए॥4॥

अर्थ:- (श्री रामजी ने कहा-) हे सखा! तुमने अच्छा उपाय बताया। यही किया जाए, यदि दैव सहायक हों। यह सलाह लक्ष्मणजी के मन को अच्छी नहीं लगी। श्री रामजी के वचन सुनकर तो उन्होंने बहुत ही दुःख पाया॥1॥

(लक्ष्मणजी ने कहा-) हे नाथ! दैव का कौन भरोसा! मन में क्रोध कीजिए (ले आइए) और समुद्र को सुखा डालिए। यह दैव तो कायर के मन का एक आधार (तसल्ली देने का उपाय) है। आलसी लोग ही दैव-दैव पुकारा करते हैं॥2॥

यह सुनकर श्री रघुवीर हँसकर बोले- ऐसे ही करेंगे, मन में धीरज रखो। ऐसा कहकर छोटे भाई को समझाकर प्रभु श्री रघुनाथजी समुद्र के समीप गए॥3॥

उन्होंने पहले सिर नवाकर प्रणाम किया। फिर किनारे पर कुश बिछाकर बैठ गए। इधर ज्यों ही विभीषणजी प्रभु के पास आए थे, त्यों ही रावण ने उनके पीछे दूत भेजे थे॥4॥

(Shri Ramji said-) Hey friend! You suggested a good solution. This should be done only if God helps. Lakshmanji did not like this advice. He felt very sad after hearing the words of Shri Ramji.||1|| (Lakshmanji said-) O Lord! Who can trust demigods? Build anger in your mind and dry up the ocean. This demi-god is just a support (a way to console) the mind of a coward. Only lazy people call 'Daiva-Daiva'.||2||

Hearing this, Shri Raghuveer laughed and said - I will do the same, be patient in your mind. Saying this and explaining to the younger brother, Lord Shri Raghunathji went near the sea.||3||

He first bowed his head and paid obeisance. Then he spread a cushion on the bank and sat down. Here, as soon as Vibhishanji came to the Lord, Ravana sent messengers (spies) after him.||4||

टिप्पणी: सफलता के लिए शॉर्टकट अपनाने से बचना चाहिए, भले ही इसमें समय और प्रयास खर्च हो। सर्वोत्तम तरीका हमेशा दीर्घकालिक सफलता सुनिश्चित करता है।

Comment: Shortcuts to success should be avoided even if it costs time and efforts. Best way always ensures long lasting success.

दोहा : 51
सकल चरित तिन्ह देखे धरें कपट कपि देह।
प्रभु गुन हृदयँ सराहहिं सरनागत पर नेह॥51॥

अर्थ:-कपट से वानर का शरीर धारण कर उन्होंने सब लीलाएँ देखीं। वे अपने हृदय में प्रभु के गुणों की और शरणागत पर उनके स्नेह की सराहना करने लगे॥51॥

By deceitfully attaining the body of a monkey, they (spies) witnessed entire on goings. They started appreciating the qualities of the Lord in their heart and Lord's affection towards those who surrendered to Him.||51||

टिप्पणी: यहां तक कि शत्रु और प्रतिस्पर्धी भी नैतिक दृष्टिकोण और प्रयासों की सराहना करते हैं।

Comment: Even the enemies and competitors appreciate the ethical approach and efforts.

चौपाई : 52

प्रगट बखानहिं राम सुभाऊ। अति सप्रेम गा बिसरि दुराऊ॥
रिपु के दूत कपिन्ह तब जाने। सकल बाँधि कपीस पहिं आने॥1॥

कह सुग्रीव सुनहु सब बानर। अंग भंग करि पठवहु निसिचर॥
सुनि सुग्रीव बचन कपि धाए। बाँधि कटक चहु पास फिराए॥2॥

बहु प्रकार मारन कपि लागे। दीन पुकारत तदपि न त्यागे॥
जो हमार हर नासा काना। तेहि कोसलाधीस कै आना॥3॥

सुनि लछिमन सब निकट बोलाए। दया लागि हँसि तुरत छोड़ाए॥
रावन कर दीजहु यह पाती। लछिमन बचन बाचु कुलघाती॥4॥

अर्थ:- फिर वे प्रकट रूप में भी अत्यंत प्रेम के साथ श्री रामजी के स्वभाव की बड़ाई करने लगे उन्हें दुराव (कपट वेश) भूल गया। सब वानरों ने जाना कि ये शत्रु के दूत हैं और वे उन सबको बाँधकर सुग्रीव के पास ले आए॥1॥

सुग्रीव ने कहा- सब वानरों! सुनो, राक्षसों के अंग-भंग करके भेज दो। सुग्रीव के वचन सुनकर वानर दौड़े। दूतों को बाँधकर उन्होंने सेना के चारों ओर घुमाया॥2॥

वानर उन्हें बहुत तरह से मारने लगे। वे दीन होकर पुकारते थे, फिर भी वानरों ने उन्हें नहीं छोड़ा। (तब दूतों ने पुकारकर कहा-) जो हमारे नाक-कान काटेगा, उसे कोसलाधीश श्री रामजी की सौगंध है॥ 3॥

यह सुनकर लक्ष्मणजी ने सबको निकट बुलाया। उन्हें बड़ी दया लगी, इससे हँसकर उन्होंने राक्षसों को तुरंत ही छुड़ा दिया। (और उनसे कहा-) रावण के हाथ में यह चिट्ठी देना (और कहना-) हे कुलघातक! लक्ष्मण के शब्दों (संदेसे) को बाँचो॥4॥

Then even in their deceitful form, they (spies) started praising Shri Ramji's nature with utmost love and forgot their deceitful disguise. All the monkeys came to know that they were the spies of the enemy and they tied them all and brought them to Sugriva. ||1||

Sugriva said - All monkeys! Listen, dismember the demons and send them away. Hearing Sugriva's words the monkeys ran. They (monkeys) tied up the messengers and paraded them around the army. ||2||

The monkeys started hurting them in many ways. They (spies) cried out humbly, yet the monkeys did not leave them. (Then the messengers called out and said-) The one who will cut off our nose and ears, I warn them and swear by Kosaladhish Shri Ramji. ||3||

Hearing this, Lakshmanji called everyone near. He felt great pity, laughed at this and immediately freed the demons. (And said to him-) Give this letter in the hand of Ravana (and say-) Oh killer of the own dynasty! read the words (message) of Laxman II4 II

दोहा : 52

कहेहु मुखागर मूढ़ सन मम संदेसु उदार।
सीता देइ मिलहु न त आवा कालु तुम्हार॥52॥

अर्थः- फिर उस मूर्ख से जबानी यह मेरा उदार (कृपा से भरा हुआ) संदेश कहना कि सीताजी को देकर उनसे (श्री रामजी से) मिलो, नहीं तो तुम्हारा काल आ गया (समझो)॥52॥

Then verbally convey to that fool this generous (full of grace) message of mine - Free and return Sitaji and meet him (Shri Ramji), otherwise your end time has come (understand) II52 II

टिप्पणीः साम, दाम, दंड, भेद निति का प्रयोग विवेकी व्यक्ति ही अनुसरण करते हैं |

Comment: Only wise people follow the policy of first making someone understand, else convincing, else punishing and finally defeating the enemy or competitor.

चौपाई : 53

तुरत नाइ लछिमन पद माथा। चले दूत बरनत गुन गाथा॥
कहत राम जसु लंकाँ आए। रावन चरन सीस तिन्ह नाए॥1॥

बिहसि दसानन पूँछी बाता। कहसि न सुक आपनि कुसलाता॥
पुनि कहु खबरि बिभीषन केरी। जाहि मृत्यु आई अति नेरी॥2॥

करत राज लंका सठ त्यागी। होइहि जव कर कीट अभागी॥
पुनि कहु भालु कीस कटकाई। कठिन काल प्रेरित चलि आई॥3॥

जिन्ह के जीवन कर रखवारा। भयउ मृदुल चित सिंधु बिचारा॥
कहु तपसिन्ह कै बात बहोरी। जिन्ह के हृदयँ त्रास अति मोरी॥4॥

अर्थ:- लक्ष्मणजी के चरणों में मस्तक नवाकर, श्री रामजी के गुणों की कथा वर्णन करते हुए दूत तुरंत ही चल दिए। श्री रामजी का यश कहते हुए वे लंका में आए और उन्होंने रावण के चरणों में सिर नवाए॥1॥

दशमुख रावण ने हँसकर बात पूछी- अरे शुक! अपनी कुशल क्यों नहीं कहता? फिर उस विभीषण का समाचार सुना, मृत्यु जिसके अत्यंत निकट आ गई है॥2॥

मूर्ख ने राज्य करते हुए लंका को त्याग दिया। अभागा अब जौ का कीड़ा (घुन) बनेगा (जौ के साथ जैसे घुन भी पिस जाता है, वैसे ही नर वानरों के साथ वह भी मारा जाएगा), फिर भालु और वानरों की सेना का हाल कह, जो कठिन काल की प्रेरणा से यहाँ चली आई है॥3॥

और जिनके जीवन का रक्षक कोमल चित्त वाला बेचारा समुद्र बन गया है (अर्थात्) उनके और राक्षसों के बीच में यदि समुद्र न होता तो अब तक राक्षस उन्हें मारकर खा गए होते। फिर उन तपस्वियों की बात बता, जिनके हृदय में मेरा बड़ा डर है॥4॥

The messengers immediately left after bowing their heads at the feet of Lakshmanji and praising the virtues of Shri Ramji.

Singing the praises of Shri Ramji, they (spies) came to Lanka and bowed their head at the feet of Ravana. ||1||

Dashmukh Ravan laughed and asked them, why don't you say you are well? Then tell the news of Vibhishan, whose death has come very close. ||2||

The fool abandoned Lanka while ruling. Now the unfortunate will become a worm (mite) of barley (just as the mite is crushed along with the barley, in the same way he will also be killed along with the humans, monkeys), then tell the condition of the bear and the army of monkeys, which has come here due to their bad times. ||3||

And those whose life's protector has become the tender minded sea (meaning) if there was no sea between them and the demons, the demons would have killed and eaten them by now. Then tell me about those ascetics who have great fear of me in their hearts. ||4||

दोहा : 53
की भइ भेंट कि फिरि गए श्रवन सुजसु सुनि मोर।
कहसि न रिपु दल तेज बल बहुत चकित चित तोर ॥53॥

अर्थ:- उनसे तेरी भेंट हुई या वे कानों से मेरा सुयश सुनकर ही लौट गए? शत्रु सेना का तेज और बल बताता क्यों नहीं? तेरा चित्त बहुत ही चकित (भौंचक्का सा) क्यों हो रहा है॥53॥

(Ravan asked) Did you meet them or did they return after hearing my fame? Why don't you tell about the speed and strength of the enemy army? Why is your mind so astonished? ||53||

चौपाई : 54

**नाथ कृपा करि पूँछेहु जैसें। मानहु कहा क्रोध तजि तैसें॥
मिला जाइ जब अनुज तुम्हारा। जातहिं राम तिलक तेहि सारा॥1॥**

**रावन दूत हमहि सुनि काना। कपिन्ह बाँधि दीन्हें दुख नाना॥
श्रवन नासिका काटैं लागे। राम सपथ दीन्हें हम त्यागे॥2॥**

**पूँछिहु नाथ राम कटकाई। बदन कोटि सत बरनि न जाई॥
नाना बरन भालु कपि धारी। बिकटानन बिसाल भयकारी॥3॥**

**जेहिं पुर दहेउ हतेउ सुत तोरा। सकल कपिन्ह महँ तेहि बलु थोरा॥
अमित नाम भट कठिन कराला। अमित नाग बल बिपुल बिसाला॥4॥**

अर्थ:- (दूत ने कहा-) हे नाथ! आपने जैसे कृपा करके पूछा है, वैसे ही क्रोध छोड़कर मेरा कहना मानिए (मेरी बात पर विश्वास कीजिए) । जब आपका छोटा भाई श्री रामजी से जाकर मिला, तब उसके पहुँचते ही श्री रामजी ने उसको राजतिलक कर दिया॥1॥ हम रावण के दूत हैं, यह कानों से सुनकर वानरों ने हमें बाँधकर बहुत कष्ट दिए, यहाँ तक कि वे हमारे नाक-कान काटने लगे। श्री रामजी की शपथ दिलाने पर कहीं उन्होंने हमको छोड़ा॥2॥

हे नाथ! आपने श्री रामजी की सेना पूछी, सो वह तो सौ करोड़ मुखों से भी वर्णन नहीं की जा सकती। अनेकों रंगों के भालु और वानरों की सेना है, जो भयंकर मुख वाले, विशाल शरीर वाले और भयानक हैं॥3॥

जिसने नगर को जलाया और आपके पुत्र अक्षय कुमार को मारा, उसका बल तो सब वानरों में थोड़ा है। असंख्य नामों वाले बड़े ही कठोर और भयंकर योद्धा हैं। उनमें असंख्य हाथियों का बल है और वे बड़े ही विशाल हैं॥4॥

(The messenger said-) O Lord! Just as you have kindly asked, leave your anger and listen to my words (believe what I say). When your younger brother went and met Shri Ramji, then as soon as he reached, Shri Ramji crowned him. ||1||

Hearing this from their ears that we are the messengers of Ravana, the monkeys tied us and gave us a lot of trouble, so much that they -Started biting our ears. They freed us only when we gave them Shri Ramji's oath.||2 ||

O Nath! You asked about Shri Ramji's army, it cannot be described even with a hundred crore words. There is an army of bears and monkeys of many colors, who have fierce faces, huge bodies and are terrifying. ||3 ||

The one who burnt the city (Lanka) and killed your son Akshay Kumar, his strength is the least among all the monkeys. There are very tough and fierce warriors with innumerable names. They have the strength of innumerable elephants and are very huge. ||4 ||

दोहा : 54

द्विबिद मयंद नील नल अंगद गद बिकटासि।
दधिमुख केहरि निसठ सठ जामवंत बलरासि॥54॥

अर्थः- द्विविद, मयंद, नील, नल, अंगद, गद, विकटास्य, दधिमुख, केसरी, निशठ, शठ और जाम्बवान् ये सभी बल की राशि हैं॥54॥

Dwivid, Mayand, Neel, Nal, Angad, Gad, Vikatasya, Dadhimukh, Kesari, Nishath, Shath and Jambavan, all these are the zodiac signs of strong force ||54 ||

चौपाई : 55

ए कपि सब सुग्रीव समाना। इन्ह सम कोटिन्ह गनइ को नाना॥
राम कृपाँ अतुलित बल तिन्हहीं। तृन समान त्रैलोकहि गनहीं॥1॥

अस मैं सुना श्रवन दसकंधर। पदुम अठारह जूथप बंदर॥
नाथ कटक महँ सो कपि नाहीं। जो न तुम्हहि जीतै रन माहीं॥2॥

परम क्रोध मीजहिं सब हाथा। आयसु पै न देहिं रघुनाथा॥
सोषहिं सिंधु सहित झष ब्याला। पूरहिं न त भरि कुधर बिसाला॥3॥

मर्दि गर्द मिलवहिं दससीसा। ऐसेइ बचन कहहिं सब कीसा॥
गर्जहिं तर्जहिं सहज असंका। मानहुँ ग्रसन चहत हहिं लंका॥4॥

अर्थ:- ये सब वानर बल में सुग्रीव के समान हैं और इनके जैसे (एक-दो नहीं) करोड़ों हैं, उन बहुत सो को गिन ही कौन सकता है। श्री रामजी की कृपा से उनमें अतुलनीय बल है। वे तीनों लोकों को तृण के समान (तुच्छ) समझते हैं॥1॥

हे दशग्रीव! मैंने कानों से ऐसा सुना है कि अठारह पद्म तो अकेले वानरों के सेनापति हैं। हे नाथ! उस सेना में ऐसा कोई वानर नहीं है, जो आपको रण में न जीत सके॥2॥

सब के सब अत्यंत क्रोध से हाथ मीजते हैं। पर श्री रघुनाथजी उन्हें आज्ञा नहीं देते। हम मछलियों और साँपों सहित समुद्र को सोख लेंगे। नहीं तो बड़े-बड़े पर्वतों से उसे भरकर पूर (पाट) देंगे॥3॥

और रावण को मसलकर धूल में मिला देंगे। सब वानर ऐसे ही वचन कह रहे हैं। सब सहज ही निडर हैं, इस प्रकार गरजते और डपटते हैं मानो लंका को निगल ही जाना चाहते हैं॥4॥

All these monkeys are like Sugriva in strength and there are crores like them (not one or two), who can count those many hundred. By the grace of Shri Ramji, they have incomparable strength. They consider the three worlds as insignificant as grass. ||1 ||

O Dashgriva! I have heard that eighteen Padmas alone are the commanders of the monkeys. Hey Nath! There is no monkey in that army who cannot defeat you in battle.||2||

All of them rub their hands in extreme anger. But Shri Raghunathji does not give them permission. We will absorb the ocean along with the fishes and snakes. Otherwise they will fill it with big mountains||3||

And crush Ravana turning him into dust. All the monkeys are saying similar words. Everyone is naturally fearless; they roar and wave as if they want to swallow Lanka. ||4 ||

दोहा : 55

सहज सूर कपि भालु सब पुनि सिर पर प्रभु राम।
रावन काल कोटि कहुँ जीति सकहिं संग्राम॥55॥

अर्थः- सब वानर-भालू सहज ही शूरवीर हैं फिर उनके सिर पर प्रभु (सर्वेश्वर) श्री रामजी हैं। हे रावण! वे संग्राम में करोड़ों कालों को जीत सकते हैं॥55॥

All the monkeys and bears are naturally brave and they have Lord Shri Ramji at their head (have his blessings and support). Hey Ravana! They can defeat crores of people in battle ll55 ll

टिप्पणी: जैसा राजा या दल का नेता होता है वैसा ही राज्य या दल होता है। ये बिल्कुल सच है. यदि राजा या नेता बलवान और बुद्धिमान होगा तो उसके नागरिक या दल के सदस्य भी वैसे ही होंगे। दोनों का योग किसी भी शत्रु या प्रतिस्पर्धी के लिए विनाश का कारण बनता है।

Comment: As is the king or team leader so is the kingdom or team. This is absolutely true. If the king or leader is strong and wise, his citizens or team members will also be the same. The combination of both causes destruction for any enemy or competitor.

चौपाई : 56

राम तेज बल बुधि बिपुलाई। सेष सहस सत सकहिं न गाई॥
सक सर एक सोषि सत सागर। तव भ्रातहि पूँछेउ नय नागर॥1॥

तासु बचन सुनि सागर पाहीं। मागत पंथ कृपा मन माहीं॥
सुनत बचन बिहसा दससीसा। जौं असि मति सहाय कृत कीसा॥2॥

सहज भीरु कर बचन दृढ़ाई। सागर सन ठानी मचलाई॥
मूढ़ मृषा का करसि बड़ाई। रिपु बल बुद्धि थाह मैं पाई॥3॥

सचिव सभीत बिभीषन जाकें। बिजय बिभूति कहाँ जग ताकें॥
सुनि खल बचन दूत रिस बाढ़ी। समय बिचारि पत्रिका काढ़ी॥4॥

रामानुज दीन्हीं यह पाती। नाथ बचाइ जुड़ावहु छाती॥
बिहसि बाम कर लीन्हीं रावन। सचिव बोलि सठ लाग बचावन॥5॥

अर्थः- श्री रामचंद्रजी के तेज (सामर्थ्य), बल और बुद्धि की अधिकता को लाखों शेष भी नहीं गा सकते। वे एक ही बाण से सैकड़ों समुद्रों को सोख सकते हैं, परंतु नीति निपुण श्री रामजी ने (नीति की रक्षा के लिए) आपके भाई से उपाय पूछा॥1॥

उनके (आपके भाई के) वचन सुनकर वे (श्री रामजी) समुद्र से राह माँग रहे हैं, उनके मन में कृपा भी है (इसलिए वे उसे सोखते नहीं)। दूत के ये वचन सुनते ही रावण खूब हँसा (और बोला-) जब ऐसी बुद्धि है, तभी तो वानरों को सहायक बनाया है!॥2॥

स्वाभाविक ही डरपोक विभीषण के वचन को प्रमाण करके उन्होंने समुद्र से मचलना (बालहठ) ठाना है। अरे मूर्ख! झूठी बड़ाई क्या करता है? बस, मैंने शत्रु (राम) के बल और बुद्धि की थाह पा ली॥3॥

जिसके विभीषण जैसा डरपोक मंत्री हो, उसके लिए संसार में विजय और विभूति कहाँ? रावण के वचन सुन कर दूत का क्रोध बढ़ गया । उसने अवसर जानकार लक्ष्मण द्वारा दी गयी पत्रिका निकली ॥4॥

(और कहा-) श्री रामजी के छोटे भाई लक्ष्मण ने यह पत्रिका दी है। हे नाथ! इसे बचवाकर छाती ठंडी कीजिए। रावण ने हँसकर उसे बाएँ हाथ से लिया और मंत्री को बुलवाकर वह मूर्ख उसे बँचाने लगा॥5॥

Even lakhs of people cannot sing (explain) the greatness, strength and intelligence of Shri Ramchandraji. He can suck hundreds of oceans with a single arrow, but Shri Ramji, adept in ethics, asked your brother for a solution (to protect the divine policy).||1||

Hearing his (your brother's suggestion) words, he (Shri Ramji) asked the sea for direction. He (Ramchandraji) has been there; he also has grace in his heart (that's why he doesn't absorb it). As soon as Ravana heard these words of the messenger, he laughed a lot (and said sarcastically) when he has such intelligence that is why he has made the monkeys his helpers! ll2ll

By following the words of the naturally timid Vibhishan, he has decided to go to sea (kiddish thing to do). Hey idiot! What does boasting do? That's it; I have judged the strength and intelligence of the enemy (Ram). ll3 ll

Where is the victory and fame in the world for someone who has a cowardly minister like Vibhishan? Hearing Ravana's sarcastic words, the messenger's anger increased. Finding the opportunity, he took out the letter given by Lakshman. ll4 ll

(And said-) Shri Ramji's younger brother Lakshman has given this message. Hey Nath! get this read and calm self. Ravana laughed and took it with his left hand and after calling the minister to read, the fool started hearing it. ll5 ll

टिप्पणी: थोथा चना बजे घाना वाली कहावत यहाँ सिद्ध होती है |

Comment: Empty vessels make much noise is proved here.

दोहा : 56

बातन्ह मनहि रिझाइ सठ जनि घालसि कुल खीस।
राम बिरोध न उबरसि सरन बिष्नु अज ईस॥56क॥

की तजि मान अनुज इव प्रभु पद पंकज भृंग।
होहि कि राम सरानल खल कुल सहित पतंग॥56ख॥

अर्थ:- (पत्रिका में लिखा था-) अरे मूर्ख! केवल बातों से ही मन को रिझाकर अपने कुल को नष्ट-भ्रष्ट न कर। श्री रामजी से विरोध करके तू विष्णु, ब्रह्मा और महेश की शरण जाने पर भी नहीं बचेगा॥56 (क)॥

या तो अभिमान छोड़कर अपने छोटे भाई विभीषण की भाँति प्रभु के चरण कमलों का भ्रमर बन जा। अथवा रे दुष्ट! श्री रामजी के बाण रूपी अग्नि में परिवार सहित पतिंगा हो जा (दोनों में से जो अच्छा लगे सो कर)॥56 (ख)॥

(It was written in the magazine-) Hey fool! Do not destroy and corrupt your dynasty by pleasing the mind with mere words. By opposing Shri Ramji, you will not be saved even if you take refuge in Vishnu, Brahma and Mahesh. ||56 (a) ||

Either leave your pride and become a devotee of the Lord's lotus feet like your younger brother Vibhishan. Or oh you wicked! Burn like a moth along with your family in the fire in the form of arrow of Shri Ramji (do whatever feels good among the two) ||56 (b) ||

टिप्पणी: आप गलत कारण से, यानी अनैतिक तरीके से लड़कर जीत नहीं सकते। कभी भी ऐसी लड़ाई न लड़ें जिसमें आपकी हार निश्चित हो। यानी आपको हर मायने में यथार्थवादी होना चाहिए| गलत दिशा में किये गए प्रयास बेकार जाते हैं| यही नैतिकता का नियम है|

Comment: You can not win fighting with the wrong reason, means which is un-ethical. Never fight a battle that you are sure of defeat. Means you should be realistic in all senses. Efforts made in the wrong direction go in vain. That's the law of ethics.

चौपाई : 57

सुनत सभय मन मुख मुसुकाई। कहत दसानन सबहि सुनाई॥
भूमि परा कर गहत अकासा। लघु तापस कर बाग बिलासा॥1॥

कह सुक नाथ सत्य सब बानी। समुझहु छाड़ि प्रकृति अभिमानी॥
सुनहु बचन मम परिहरि क्रोधा। नाथ राम सन तजहु बिरोधा॥2॥

अति कोमल रघुबीर सुभाऊ। जद्यपि अखिल लोक कर राऊ॥
मिलत कृपा तुम्ह पर प्रभु करिही। उर अपराध न एकउ धरिही॥3॥

जनकसुता रघुनाथहि दीजे। एतना कहा मोर प्रभु कीजे॥
जब तेहिं कहा देन बैदेही। चरन प्रहार कीन्ह सठ तेही॥4॥

नाइ चरन सिरु चला सो तहाँ। कृपासिंधु रघुनायक जहाँ॥
करि प्रनामु निज कथा सुनाई। राम कृपाँ आपनि गति पाई॥5॥

रिषि अगस्ति कीं साप भवानी। राछस भयउ रहा मुनि ग्यानी॥
बंदि राम पद बारहिं बारा। मुनि निज आश्रम कहुँ पगु धारा॥6॥

अर्थ:- पत्रिका सुनते ही रावण मन में भयभीत हो गया, परंतु मुख से (ऊपर से) मुस्कुराता हुआ वह सबको सुनाकर कहने लगा- जैसे कोई पृथ्वी पर पड़ा हुआ हाथ से आकाश को पकड़ने की चेष्टा करता हो, वैसे ही यह छोटा तपस्वी (लक्ष्मण) वाग्विलास करता है (डींग हाँकता है)॥1॥

शुक (दूत) ने कहा- हे नाथ! अभिमानी स्वभाव को छोड़कर (इस पत्र में लिखी) सब बातों को सत्य समझिए। क्रोध छोड़कर मेरा वचन सुनिए। हे नाथ! श्री रामजी से वैर त्याग दीजिए॥2॥

यद्यपि श्री रघुवीर समस्त लोकों के स्वामी हैं, पर उनका स्वभाव अत्यंत ही कोमल है। मिलते ही प्रभु आप पर कृपा करेंगे और आपका एक भी अपराध वे हृदय में नहीं रखेंगे॥3॥

जानकीजी श्री रघुनाथजी को दे दीजिए। हे प्रभु! इतना कहना मेरा कीजिए। जब उस (दूत) ने जानकीजी को देने के लिए कहा, तब दुष्ट रावण ने उसको लात मारी॥4॥

वह भी (विभीषण की भाँति) चरणों में सिर नवाकर वहीं चला, जहाँ कृपासागर श्री रघुनाथजी थे। प्रणाम करके उसने अपनी कथा सुनाई और श्री रामजी की कृपा से अपनी गति (मुनि का स्वरूप) पाई॥5॥

(शिवजी कहते हैं-) हे भवानी! वह ज्ञानी मुनि था, अगस्त्य ऋषि के शाप से राक्षस हो गया था। बार-बार श्री रामजी के चरणों की वंदना करके वह मुनि अपने आश्रम को चला गया॥6॥

As soon as Ravana heard the message, he became frightened in his heart, but smiling on his face (from above) he told everyone and said - Just as someone lying on the earth tries to hold the sky with his hand, in the same way this little ascetic (Lakshman) is boasting ॥1॥

Shuka (messenger) said - O Lord! Leaving the arrogant nature, consider everything (written in this letter) to be true. Leave your anger and listen to my words. Hey Nath! Give up enmity with Shri Ramji. ॥2॥

Although Shri Raghuveer is the lord of all the worlds, his nature is very gentle. As soon as you meet, God will bless you and he will not keep even a single crime of yours in his heart. ||3||

Return Janakiji to Shri Raghunathji. Oh God! Do as I say. When he (the messenger) asked to return Janakiji, then the evil Ravana kicked him. ||4||

He also (like Vibhishana) bowed his head at the feet and returned to the place where the merciful Shri Raghunathji was. After paying obeisance, he narrated his story and by the grace of Shri Ramji he attained his destination (the form of a sage) ll5 ll

(Shiv ji says-) O Bhavani! He (returned spy) was a wise sage and had become a demon due to the curse of sage Agastya. After worshiping the feet of Shri Ramji again and again, that sage returned to his ashram. ll6 ll

दोहा : 57

बिनय न मानत जलधि जड़ गए तीनि दिन बीति।
बोले राम सकोप तब भय बिनु होइ न प्रीति॥57॥

अर्थः- इधर तीन दिन बीत गए, किंतु जड़ समुद्र विनय नहीं मानता। तब श्री रामजी क्रोध सहित बोले- बिना भय के प्रीति नहीं होती! ॥57॥

Three days passed here, but the inert sea did not accept any politeness (of Ramchandraji). Then Shri Ramji said with anger – There is no love without fear! ll57 ll

टिप्पणी: किसी भी परिणाम के लिए अंतहीन इंतजार को कभी भी प्रोत्साहित नहीं किया जाता। कोई भी लक्ष्य स्मार्ट लक्ष्य होना चाहिए |कार्य की योजना विस्तार योग्य, प्रेरक, साध्य, यथार्थवादी और समयबद्ध बनानी चाहिए।

Comment: Endless wait is never encouraged for any result. Task should be planned time bound. Any target should be a

SMART target. Means it should be **S**tretchable, should be **M**otivating, should be **A**chievable, should be **R**ealistic and should be **T**ime bound.

चौपाई : 58

लछिमन बान सरासन आनू। सोषौं बारिधि बिसिख कृसानु॥
सठ सन बिनय कुटिल सन प्रीति। सहज कृपन सन सुंदर नीति॥1॥

ममता रत सन ग्यान कहानी। अति लोभी सन बिरति बखानी॥
क्रोधिहि सम कामिहि हरिकथा। ऊसर बीज बएँ फल जथा॥2॥

अस कहि रघुपति चाप चढ़ावा। यह मत लछिमन के मन भावा॥
संधानेउ प्रभु बिसिख कराला। उठी उदधि उर अंतर ज्वाला॥3॥

मकर उरग झष गन अकुलाने। जरत जंतु जलनिधि जब जाने॥
कनक थार भरि मनि गन नाना। बिप्र रूप आयउ तजि माना॥4॥

अर्थ:- हे लक्ष्मण! धनुष-बाण लाओ, मैं अग्निबाण से समुद्र को सोख डालूँ। मूर्ख से विनय, कुटिल के साथ प्रीति, स्वाभाविक ही कंजूस से सुंदर नीति (उदारता का उपदेश), ॥1॥

ममता में फँसे हुए मनुष्य से ज्ञान की कथा, अत्यंत लोभी से वैराग्य का वर्णन, क्रोधी से शम (शांति) की बात और कामी से भगवान् की कथा, इनका वैसा ही फल होता है जैसा ऊसर में बीज बोने से होता है (अर्थात् ऊसर में बीज बोने की भाँति यह सब व्यर्थ जाता है)॥2॥

ऐसा कहकर श्री रघुनाथजी ने धनुष चढ़ाया। यह मत लक्ष्मणजी के मन को बहुत अच्छा लगा। प्रभु ने भयानक (अग्नि) बाण संधान किया, जिससे समुद्र के हृदय के अंदर अग्नि की ज्वाला उठी॥3॥

मगर, साँप तथा मछलियों के समूह व्याकुल हो गए। जब समुद्र ने जीवों को जलते जाना, तब सोने के थाल में अनेक मणियों (रत्नों) को भरकर अभिमान छोड़कर वह ब्राह्मण के रूप में आया॥4॥

Hey Lakshman! Bring a bow and arrow, I will destroy the ocean with arrows of fire. Humility to the fool, love to the crooked, beautiful policy (preaching of generosity) to the naturally miser, ||1||

Story of knowledge to the man trapped in affection, description of renunciation to the extremely greedy, talk of peace to the angry and story of God to someone trapped in lust, it has the same results as sowing seeds in a sack (that is, like sowing seeds in a sack, all this goes in vain) ll2 ll

Saying this, Shri Raghunath ji loaded his bow. Lakshmanji liked this opinion very much. The Lord shot a terrible (fire) arrow, due to which a flame of fire rose inside the heart of the ocean. ||3 ll However, the snakes and the groups of fishes became distraught. When the ocean started burning the living beings, the ocean god filled a golden plate with many gems , left his pride and appeared in the form of a Brahmin. ll4 ll

दोहा : 58

काटेहिं पइ कदरी फरइ कोटि जतन कोउ सींच।
बिनय न मान खगेस सुनु डाटेहिं पइ नव नीच॥58॥

अर्थः- (काकभुशुण्डिजी कहते हैं-) हे गरुड़जी! सुनिए, चाहे कोई करोड़ों उपाय करके सींचे, पर केला तो काटने पर ही फलता है। नीच विनय से नहीं मानता, वह डाँटने पर ही झुकता है (रास्ते पर आता है)॥58॥

(Kakbhushundiji says-) Hey Garudji! Listen, no matter how many measures someone irrigates, a banana bears fruit only after being cut. This means, one does not obey politely, he bows down (comes on the path) only when scolded. ll58 ll

टिप्पणी: गलत व्यक्ति से कृपादृष्टि का अनुरोध करना, सलाह लेना और उम्मीद करना हमेशा बेकार जाता है।

Comment: Requesting favour, seeking advice and expecting from the wrong person always goes waste.

चौपाई : 59

सभय सिंधु गहि पद प्रभु केरे। छमहु नाथ सब अवगुन मेरे॥।
गगन समीर अनल जल धरनी। इन्ह कइ नाथ सहज जड़ करनी॥1॥

तव प्रेरित मायाँ उपजाए। सृष्टि हेतु सब ग्रंथनि गाए॥
प्रभु आयसु जेहि कहँ जस अहई। सो तेहि भाँति रहें सुख लहई॥2॥

प्रभु भल कीन्ह मोहि सिख दीन्हीं। मरजादा पुनि तुम्हरी कीन्हीं॥
ढोल गवाँर सूद्र पसु नारी। सकल ताड़ना के अधिकारी॥3॥

प्रभु प्रताप मैं जाब सुखाई। उतरिहि कटकु न मोरि बड़ाई॥
प्रभु अग्या अपेल श्रुति गाई। करौं सो बेगि जो तुम्हहि सोहाई॥4॥

अर्थ:- समुद्र ने भयभीत होकर प्रभु के चरण पकड़कर कहा- हे नाथ! मेरे सब अवगुण (दोष) क्षमा कीजिए। हे नाथ! आकाश, वायु, अग्नि, जल और पृथ्वी- इन सबकी करनी स्वभाव से ही जड़ है॥1॥

आपकी प्रेरणा से माया ने इन्हें सृष्टि के लिए उत्पन्न किया है, सब ग्रंथों ने यही गाया है। जिसके लिए स्वामी की जैसी आज्ञा है, वह उसी प्रकार से रहने में सुख पाता है॥2॥

प्रभु ने अच्छा किया जो मुझे शिक्षा (दंड) दी, किंतु मर्यादा (जीवों का स्वभाव) भी आपकी ही बनाई हुई है। ढोल, गँवार, शूद्र, पशु और स्त्री- ये सब शिक्षा के अधिकारी हैं॥3॥

प्रभु के प्रताप से मैं सूख जाऊँगा और सेना पार उतर जाएगी, इसमें मेरी बड़ाई नहीं है (मेरी मर्यादा नहीं रहेगी)। तथापि प्रभु की आज्ञा अपेल है (अर्थात् आपकी आज्ञा का उल्लंघन नहीं हो सकता) ऐसा वेद गाते हैं। अब आपको जो अच्छा लगे, मैं तुरंत वही करूँ॥4॥

The ocean got scared and held the Lord's feet and said - O Lord! Forgive all my faults. Hey Nath! Sky, air, fire, water and earth - the actions of all these are inert by nature. ||1 ||

With your inspiration, Maya has created them for creation, all the scriptures have sung (confirmed) this. For whom, he finds happiness in living as per the orders of his master. ||2||

The Lord did good by teaching me (punishment), but the dignity (nature of living beings) is also created by you. Drummer, barbarian, Shudra, animal and woman - all of them are entitled to education. ||3 ll

I will dry up due to the glory of God and the army will cross, I have no pride in this (I will not have dignity). However, the Lord's command is final (i.e. your command cannot be violated) so sung the Vedas. Now whatever you like, I will do it immediately ll4 ll

दोहा : 59

***सुनत बिनीत बचन अति कह कृपाल मुसुकाइ।**
जेहि बिधि उतरै कपि कटकु तात सो कहहु उपाइ॥59॥

अर्थ:- समुद्र के अत्यंत विनीत वचन सुनकर कृपालु श्री रामजी ने मुस्कुराकर कहा- हे तात! जिस प्रकार वानरों की सेना पार उतर जाए, वह उपाय बताओ॥59॥

Hearing the very polite words of ocean god, the kind Shri Ramji smiled and said – Oh respected one! Tell me the solution by which the army of monkeys can cross over.||59 ll

चौपाई : 60

नाथ नील नल कपि द्वौ भाई। लरिकाईं रिषि आसिष पाई॥
तिन्ह कें परस किएँ गिरि भारे। तरिहहिं जलधि प्रताप तुम्हारे॥1॥

मैं पुनि उर धरि प्रभु प्रभुताई। करिहउँ बल अनुमान सहाई॥
एहि बिधि नाथ पयोधि बँधाइअ। जेहिं यह सुजसु लोक तिहुँ गाइअ॥2॥

एहि सर मम उत्तर तट बासी। हतहु नाथ खल नर अघ रासी॥
सुनि कृपाल सागर मन पीरा। तुरतहिं हरी राम रनधीरा॥3॥

देखि राम बल पौरुष भारी। हरषि पयोनिधि भयउ सुखारी॥
सकल चरित कहि प्रभुहि सुनावा। चरन बंदि पाथोधि सिधावा॥4॥

अर्थ:- (समुद्र ने कहा)) हे नाथ! नील और नल दो वानर भाई हैं। उन्होंने लड़कपन में ऋषि से आशीर्वाद पाया था। उनके स्पर्श कर लेने से ही भारी-भारी पहाड़ भी आपके प्रताप से समुद्र पर तैर जाएँगे॥1॥

मैं भी प्रभु की प्रभुता को हृदय में धारण कर अपने बल के अनुसार (जहाँ तक मुझसे बन पड़ेगा) सहायता करूँगा। हे नाथ! इस प्रकार समुद्र को बँधाइए, जिससे तीनों लोकों में आपका सुंदर यश गाया जाए॥2॥

इस बाण से मेरे उत्तर तट पर रहने वाले पाप के राशि दुष्ट मनुष्यों का वध कीजिए। कृपालु और रणधीर श्री रामजी ने समुद्र के मन की पीड़ा सुनकर उसे तुरंत ही हर लिया (अर्थात् बाण से उन दुष्टों का वध कर दिया)॥3॥

श्री रामजी का भारी बल और पौरुष देखकर समुद्र हर्षित होकर सुखी हो गया। उसने उन दुष्टों का सारा चरित्र प्रभु को कह सुनाया। फिर चरणों की वंदना करके समुद्र चला गया॥4॥

(Said the sea) O Lord! Neel and Nala are two monkey brothers. They had received blessings from a sage in their childhood. Just by touching them, even the heavy mountains will float on the sea due to your majesty.||1||

I too will help as per my strength (as far as I can) by keeping the sovereignty of the Lord in my heart. Hey Nath! In this way bind the ocean (build a bridge), so that your beautiful fame is sung in all the three worlds. ||2||

With this arrow, kill the sinful people living on my northern shore. The kind and brave Shri Ramji, hearing the pain in the heart of the ocean, immediately relieved him (that is, he killed those wicked people with arrows) ||3||

Seeing the enormous strength and virility of Shri Ramji, the ocean became happy and relieved. He narrated the entire character of those wicked people (killed by Ramchandraji) to the Lord. Then after worshiping his feet he returned (disappeared) ll4 ll

टिप्पणी: चाहे कुछ भी हो, कड़ी मेहनत और ईश्वर में विश्वास के साथ प्रयास करते रहें। असफलताओं से सीखें और उन्हें सबक में बदलें। याद रखें ईश्वर आपके साथ है। सफलता मिलेगी जैसा कि एक कहावत है **"कभी-कभी छल्ले की आखिरी चाबी भी ताला खोल देती है।"**

Comment: Whatever it takes, keep trying hard and with faith in god. Learn from failures and turn them into lessons. Remember god is with you. Success will come as there goes a saying **"SOMETIMES LAST KEY OF THE BUNCH OPENS THE LOCK."**

छंद : 3

निज भवन गवनेउ सिंधु श्रीरघुपतिहि यह मत भायऊ।
यह चरित कलि मल हर जथामति दास तुलसी गायऊ॥
सुख भवन संसय समन दवन बिषाद रघुपति गुन गना।
तजि सकल आस भरोस गावहि सुनहि संतत सठ मना॥

अर्थ:- समुद्र अपने घर चला गया, श्री रघुनाथजी को यह मत (उसकी सलाह) अच्छा लगा। यह चरित्र कलियुग के पापों को हरने वाला है, इसे तुलसीदास ने अपनी बुद्धि के अनुसार गाया है। श्री रघुनाथजी के गुण समूह सुख के धाम, संदेह का नाश करने वाले और विषाद का दमन करने वाले हैं। अरे मूर्ख मन! तू संसार का सब आशा-भरोसा त्यागकर निरंतर इन्हें गा और सुन।

Ocean god returned to his home, Shri Raghunathji liked this opinion (ocean god's advice). This character is the destroyer of the sins of Kaliyuga, Tulsidas has sung it as per his wisdom. The qualities of Shri Raghunathji are the abode of happiness, the destroyer of doubt and the suppressor of sadness. Oh foolish mind! You give up all worldly expectations and sing and listen to them (Shri Ramchandraji's qualities) continuously.

दोहा : 60

सकल सुमंगल दायक रघुनायक गुन गान।
सादर सुनहिं ते तरहिं भव सिंधु बिना जलजान॥60॥

अर्थः- श्री रघुनाथजी का गुणगान संपूर्ण सुंदर मंगलों का देने वाला है। जो इसे आदर सहित सुनेंगे, वे बिना किसी जहाज (अन्य साधन) के ही भवसागर को तर जाएँगे॥60॥

Praying Shri Raghunathji gives all the beautiful blessings. Those who listen to this (Sundarkand) with respect will sail across the ocean of life without any ship (other means). ll60 ll

टिप्पणी: निस्संदेह, बताए गए सुझावों का पालन करने और इस पाठ को बार-बार पढ़ने से आपकी मानसिकता बदल जाएगी, आपको प्रेरणा मिलेगी और आप अपने सभी प्रयासों में सफल हो जाएंगे।

Comment: Undoubtedly, following the tips mentioned and reciting this path over and over again will change your mindset, motivate you and make you succesfull in all your endevours.

-----(सुन्दरकाण्ड समाप्त) (Sunderkand ends)-----

हनुमान चालीसा (चौपाई 31 पर विवरण)
40 verses praising Hanumanji (Details on Chaupai 31)

40 verses praising Hanumanji

यह हनुमान चालीसा सद्गुरु स्वामी रामभद्राचार्य जी द्वारा शोधित की हुई है। जो प्रचलित हनुमान चालीसा लोग पढ़ रहे हैं उसकी समस्त त्रुटियां इसमें सुधार दी गयी है।

This Hanuman Chalisa has been corrected by Sadguru Swami Rambhadracharya Ji. All the errors in the popular Hanuman Chalisa that people are reading have been rectified in this version.

श्री गुरु चरण सरोज रज, निज मन मुकुरु सुधारि।

बरनऊं रघुवर बिमल जसु, जो दायकु फल चारि।

श्री गुरु महाराज के चरण कमलों की धूलि से अपने मन रूपी दर्पण को पवित्र करके श्री रघुवीर के निर्मल यश का वर्णन करता हूं, जो चारों फल धर्म, अर्थ, काम और मोक्ष को देने वाला है।

By purifying the mirror of my mind with the dust of the lotus feet of Shri Guru Maharaj, I describe the pure glory of Shri Raghuveer, who gives the four fruits of Dharma, Artha, Kama and Moksha.

बुद्धिहीन तनु जानिके, सुमिरो पवन-कुमार।

बल बुद्धि विद्या देहु मोहिं, हरहु कलेश विकार।

हे पवन कुमार! मैं आपको सुमिरन करता हूं। आप तो जानते ही हैं कि मेरा शरीर और बुद्धि निर्बल है। मुझे शारीरिक बल, सद्बुद्धि एवं ज्ञान दीजिए और मेरे दुखों व दोषों का नाश कर दीजिए।

Hey Pawan Kumar! I remember you. You know that my body and intellect are weak. Give me physical strength, wisdom and knowledge and destroy my sorrows and faults.

*****

जय हनुमान ज्ञान गुण सागर, जय कपीस तिहुं लोक उजागर॥1॥

श्री हनुमान जी! आपकी जय हो। आपका ज्ञान और गुण अथाह है। हे कपीश्वर! आपकी जय हो! तीनों लोकों, स्वर्ग लोक, भूलोक और पाताल लोक में आपकी कीर्ति है।

Shri Hanuman ji! Hail thee. Your knowledge and qualities are immense. Hey Kapishwar! Hail thee! You are famous in all three worlds, heaven, earth and underworld.

राम दूत अतुलित बलधामा, अंजनी पुत्र पवन सुत नामा॥2॥

हे पवनसुत अंजनी नंदन! आपके समान दूसरा बलवान नहीं हैं।

Oh son of the wind, Anjani Nandan! There is no one else as strong as you.

महावीर विक्रम बजरंगी, कुमति निवार सुमति के संगी॥3॥

हे महावीर बजरंग बली! आप विशेष पराक्रम वाले हैं। आप खराब बुद्धि को दूर करते हैं, और अच्छी बुद्धि वालों के साथी, सहायक हैं।

O Mahavir Bajrang Bali! You are one of special bravery. You remove bad intelligence, and are a companion and helper to those with good intelligence.

कंचन बरन बिराज सुबेसा, कानन कुण्डल कुंचित केसा॥4॥

आप सुनहले रंग, सुन्दर वस्त्रों, कानों में कुण्डल और घुंघराले बालों से सुशोभित हैं।

You are adorned with golden complexion, beautiful clothes, earrings and curly hair.

हाथ बज्र और ध्वजा विराजे, कांधे मूंज जनेऊ साजै॥5॥

आपके हाथ में बज्र और ध्वजा है और कन्धे पर मूंज के जनेऊ की शोभा है।

You have a thunderbolt and flag in your hand and the sacred thread of Moonj is adorned on your shoulder.

शंकर स्वयं केसरी नंदन, तेज प्रताप महा जग वंदन॥6॥

शंकर के अवतार! हे केसरी नंदन आपके पराक्रम और महान यश की संसार भर में वन्दना होती है।

Incarnation of Shankar! O Kesari Nandan, your bravery and great fame is worshiped all over the world.

विद्यावान गुणी अति चातुर, राम काज करिबे को आतुर॥7॥

आप प्रकान्ड विद्या निधान हैं, गुणवान और अत्यन्त कार्य कुशल होकर श्री राम के काज करने के लिए आतुर रहते हैं।

You are endowed with immense knowledge, are talented and highly efficient, and are eager to do the work of Shri Ram.

प्रभु चरित्र सुनिबे को रसिया, राम लखन सीता मन बसिया॥8॥

आप श्री राम चरित सुनने में आनन्द रस लेते हैं। श्री राम, सीता और लखन आपके हृदय में बसे रहते हैं।

You enjoy listening to Shri Ram's character. Shri Ram, Sita and Lakhan reside in your heart.

सूक्ष्म रूप धरि सियहिं दिखावा, बिकट रूप धरि लंक जरावा॥9॥

आपने अपना बहुत छोटा रूप धारण करके सीता जी को दिखलाया और भयंकर रूप करके लंका को जलाया।

You took your very small form and showed it to Sita ji and in your terrible form you burnt Lanka.

भीम रूप धरि असुर संहारे, रामचन्द्र के काज संवारे॥10॥

आपने विकराल रूप धारण करके राक्षसों को मारा और श्री रामचन्द्र जी के उद्देश्यों को सफल कराया।

By assuming a monstrous form, you killed the demons and made Shri Ramchandra ji's objectives successful.

लाय सजीवन लखन जियाये, श्री रघुवीर हरषि उर लाये॥11॥

आपने संजीवनी बूटी लाकर लक्ष्मण जी को जिलाया जिससे श्री रघुवीर ने हर्षित होकर आपको हृदय से लगा लिया।

You revived Lakshman ji by bringing Sanjivani herb due to which Shri Raghuveer became happy and hugged you to his heart.

रघुपति कीन्हीं बहुत बड़ाई, तुम मम प्रिय भरतहिं सम भाई॥12॥

श्री रामचन्द्र ने आपकी बहुत प्रशंसा की और कहा कि तुम मेरे भरत जैसे प्यारे भाई हो।

Shri Ramchandra praised you a lot and said that you are a dear brother like my Bharat.

सहस बदन तुम्हरो जस गावैं। अस कहि श्रीपति कंठ लगावैं॥13॥

श्री राम ने आपको यह कहकर हृदय से लगा लिया कि तुम्हारा यश हजार मुख से सराहनीय है।

Shri Ram took you to his heart saying that your fame is praiseworthy with thousands of mouths.

सनकादिक ब्रह्मादि मुनीसा, नारद, सारद सहित अहीसा॥14॥

श्री सनक, श्री सनातन, श्री सनन्दन, श्री सनत्कुमार आदि मुनि ब्रह्मा आदि देवता नारद जी, सरस्वती जी, शेषनाग जी सब आपका गुण गान करते हैं।

Shri Sanak, Shri Sanaatan, Shri Sanandan, Shri Sanatkumar etc., sage Brahma etc., gods Narad ji, Saraswati ji, Sheshnag ji all sing your praises.

जम कुबेर दिगपाल जहां ते, कबि कोबिद कहि सके कहां ते॥15॥

यमराज, कुबेर आदि सब दिशाओं के रक्षक, कवि विद्वान, पंडित या कोई भी आपके यश का पूर्णतः वर्णन नहीं कर सकते।

Yamraj (Lord of Death), Kuber (Lord of Wealth), protector of all directions, poets, scholars, pundits or anyone else cannot fully describe your fame.

तुम उपकार सुग्रीवहि कीन्हा, राम मिलाय राजपद दीन्हा॥16॥

आपने सुग्रीव जी को श्रीराम से मिलाकर उपकार किया, जिसके कारण वे राजा बने।

You did a favor to Sugriva by uniting him with Shri Ram, due to which he became the king.

तुम्हरो मंत्र विभीषण माना, लंकेस्वर भए सब जग जाना॥17॥

आपके उपदेश का विभिषण जी ने पालन किया जिससे वे लंका के राजा बने, इसको सब संसार जानता है।

The whole world knows that Vibhishan ji followed your advice and became the king of Lanka.

जुग सहस्त्र जोजन पर भानू, लील्यो ताहि मधुर फल जानू॥18॥

जो सूर्य इतने योजन दूरी पर है कि उस पर पहुंचने के लिए हजार युग लगे। दो हजार योजन की दूरी

पर स्थित सूर्य को आपने एक मीठा फल समझकर निगल लिया।

The Sun is at such a distance that it takes a thousand yugas to reach it. You swallowed the Sun, which was situated at a distance of two thousand yojanas, considering it a sweet fruit.

प्रभु मुद्रिका मेलि मुख माहि, जलधि लांघि गये अचरज नाहीं॥19॥

आपने श्री रामचन्द्र जी की अंगूठी मुंह में रखकर समुद्र को लांघ लिया, इसमें कोई आश्चर्य नहीं है।

There is no surprise in the fact that you crossed the ocean with Shri Ramchandra ji's ring in your mouth.

दुर्गम काज जगत के जेते, सुगम अनुग्रह तुम्हरे तेते॥20॥

संसार में जितने भी कठिन से कठिन काम हो, वो आपकी कृपा से सहज हो जाते है।

Whatever difficult tasks there are in this world, they become easy with your grace.

राम दुआरे तुम रखवारे, होत न आज्ञा बिनु पैसा रे॥21॥

श्री रामचन्द्र जी के द्वार के आप रखवाले हैं, जिसमें आपकी आज्ञा बिना किसी को प्रवेश नहीं मिलता अर्थात् आपकी प्रसन्नता के बिना राम कृपा दुर्लभ है।

You are the keeper of the door of Shri Ramchandra ji, in which no one can enter without your permission, that is, without your happiness, Ram's grace is rare.

सब सुख लहै तुम्हारी सरना, तुम रक्षक काहू को डरना ॥22॥

जो भी आपकी शरण में आते हैं, उस सभी को आनन्द प्राप्त होता है, और जब आप रक्षक हैं, तो फिर किसी का डर नहीं रहता।

Whoever takes refuge in you, everyone finds happiness, and when you are the protector, then there is no fear of anyone.

आपन तेज सम्हारो आपै, तीनों लोक हांक तें कांपै॥23॥

आपके सिवाय आपके वेग को कोई नहीं रोक सकता, आपकी गर्जना से तीनों लोक कांप जाते हैं।

No one can stop your speed except you; all three worlds tremble with your roar.

भूत पिशाच निकट नहिं आवै, महावीर जब नाम सुनावै ॥24॥

जहां महावीर हनुमान जी का नाम सुनाया जाता है, वहां भूत, पिशाच पास भी नहीं फटक सकते।

Where the name of Mahavir Hanuman ji is recited, ghosts and devils cannot even come near.

नासै रोग हरै सब पीरा, जपत निरंतर हनुमत बीरा ॥25॥

वीर हनुमान जी! आपका निरंतर जप करने से सब रोग चले जाते हैं और सब पीड़ा मिट जाती है।

Brave Hanuman ji! By chanting you continuously, all diseases go away and all pain goes away.

संकट तें हनुमान छुड़ावै, मन क्रम बचन ध्यान जो लावै ॥26॥

हे हनुमान जी! विचार करने में, कर्म करने में और बोलने में, जिनका ध्यान आपमें रहता है, उनको सब संकटों से आप छुड़ाते हैं।

Hey Hanuman ji! Those whose attention remains on you in thinking, action and speaking, you free them from all troubles.

सब पर राम राज सिर ताजा, तिनके काज सकल तुम साजा ॥27॥

राजा श्री रामचन्द्र जी सबसे श्रेष्ठ हैं, उनके सब कार्यों को आपने सहज में कर दिया।

King Shri Ramchandra ji is the best; you did all his tasks easily.

और मनोरथ जो कोइ लावै, सोई अमित जीवन फल पावै ॥28॥

जिस पर आपकी कृपा हो, वह कोई भी अभिलाषा करें तो उसे ऐसा फल मिलता है जिसकी जीवन में कोई सीमा नहीं होती।

Whoever has been blessed by you, if he makes any wish, he gets such a result which has no limit in life.

चारों जुग परताप तुम्हारा, है परसिद्ध जगत उजियारा॥29॥

चारो युगों सतयुग, त्रेता, द्वापर तथा कलियुग में आपका यश फैला हुआ है, जगत में आपकी कीर्ति सर्वत्र प्रकाशमान है।

Your fame has spread in all four yugas, Satyayuga, Treta, Dwapar and Kaliyuga, your fame is shining everywhere in the world.

साधु सन्त के तुम रखवारे, असुर निकंदन राम दुलारे॥30॥

हे श्री राम के दुलारे! आप सज्जनों की रक्षा करते है और दुष्टों का नाश करते है।

O beloved of Shri Ram! You protect the noble and destroy the wicked.

अष्ट सिद्धि नौ निधि के दाता, अस बर दीन जानकी माता॥31॥

आपको माता श्री जानकी से ऐसा वरदान मिला हुआ है, जिससे आप किसी को भी आठों सिद्धियां और नौ निधियां दे सकते हैं।* (विवरण अगले अध्याय में दिया गया है।)

You have received such a boon from Mata Shri Janaki, by which you can give all eight siddhis and nine nidhis to anyone.
* (Details are given in the next chapter.)

राम रसायन तुम्हरे पासा, सादर हो रघुपति के दासा॥32॥

आप निरंतर श्री रघुनाथ जी की शरण में रहते हैं, जिससे आपके पास बुढ़ापा और असाध्य रोगों के नाश के लिए राम नाम औषधि है।

You constantly remain in the shelter of Shri Raghunath ji, due to which you have the medicine named Ram to cure old age and incurable diseases.

तुम्हरे भजन राम को पावै, जनम जनम के दुख बिसरावै॥33॥

आपका भजन करने से श्री राम जी प्राप्त होते हैं और जन्म जन्मांतर के दुख दूर होते हैं।

By worshiping you, one attains Shri Ram and the sorrows of many births are removed.

अन्त काल रघुबर पुर जाई, जहां जन्म हरि भक्त कहाई॥34॥

अंत समय श्री रघुनाथ जी के धाम को जाते हैं और यदि फिर भी जन्म लेंगे तो भक्ति करेंगे और श्री राम भक्त कहलाएंगे।

At the end, he goes to the abode of Shri Raghunath ji and if he is still born, he will do devotion and will be called a devotee of Shri Ram.

और देवता चित न धरई, हनुमत सेई सर्व सुख करई॥35॥

हे हनुमान जी! आपकी सेवा करने से सब प्रकार के सुख मिलते हैं, फिर अन्य किसी देवता की आवश्यकता नहीं रहती।

Hey Hanuman ji! By serving you one gets all kinds of happiness, then there is no need for any other deity.

संकट कटै मिटै सब पीरा, जो सुमिरै हनुमत बलबीरा॥36॥

हे वीर हनुमान जी! जो आपका सुमिरन करता रहता है, उसके सब संकट कट जाते हैं और सब पीड़ा मिट जाती हैं।

O brave Hanuman ji! One who keeps remembering you, all his troubles go away and all his pain disappears.

जय जय जय हनुमान गोसाईं, कृपा करहु गुरु देव की नाईं॥37॥

हे स्वामी हनुमान जी! आपकी जय हो, जय हो, जय हो! आप मुझ पर कृपालु श्री गुरु जी के समान कृपा कीजिए।

O Lord Hanuman! Glory to you, glory to you, glory to you! Please bless me like a merciful Shri Guru Ji.

यह सत बार पाठ कर जोई, छूटहि बंदि महा सुख होई॥38॥

जो कोई इस हनुमान चालीसा का सौ बार पाठ करेगा वह सब बंधनों से छूट जाएगा और उसे परमानन्द मिलेगा।

Whoever recites this Hanuman Chalisa a hundred times will be freed from all bondages and will attain bliss.

जो यह पढ़ै हनुमान चालीसा, होय सिद्धि साखी गौरीसा॥39॥

भगवान शंकर ने यह हनुमान चालीसा लिखवाया, इसलिए वे साक्षी हैं, जो इसे पढ़ेगा उसे निश्चय ही सफलता प्राप्त होगी।

Lord Shankar got this Hanuman Chalisa written; hence he is a witness, whoever reads it will definitely get success.

तुलसीदास सदा हरि चेरा, कीजै नाथ हृदय मंह डेरा॥40॥

हे नाथ हनुमान जी! तुलसीदास सदा ही श्री राम का दास है। इसलिए आप उसके हृदय में निवास कीजिए।

O Nath Hanuman ji! Tulsidas (writer of this chalisa) is always a servant of Shri Ram. Therefore you reside in his heart.

*****

पवन तनय संकट हरन, मंगल मूरति रूप।
राम लखन सीता सहित, हृदय बसहु सुर भूप॥

आप पवनपुत्र हैं, संकटमोचन हैं, मंगलमूर्ति हैं व आप देवताओं के ईश्वर श्रीराम, श्रीसीता जी और श्रीलक्ष्मण के साथ मेरे हृदय में निवास कीजिए.

You are the son of wind, the trouble-shooter, the embodiment of good fortune and you please reside in my heart along with the God of Gods Shri Ram, Shri Sita ji and Shri Lakshman.

चौपाई 31 पर विवरण

Details on Chaupai 31

- **आठों सिद्धियां (अलौकिक शक्तियाँ)**

1.) **अणिमा**- जिससे साधक किसी को दिखाई नहीं पड़ता और कठिन पदार्थ में प्रवेश कर जाता है।

2.) **महिमा**- जिसमें योगी अपने को बहुत बड़ा बना देता है।

3.) **गरिमा**- जिससे साधक अपने को चाहे जितना भारी बना लेता है।

4.) **लघिमा**- जिससे जितना चाहे उतना हल्का बन जाता है।

5.) **प्राप्ति**- जिससे इच्छित पदार्थ की प्राप्ति होती है।

6.) **प्राकाम्य**- जिससे इच्छा करने पर वह पृथ्वी में समा सकता है, आकाश में उड़ सकता है।

7.) **ईशित्व**- जिससे सब पर शासन का सामर्थ्य हो जाता है।

8.) **वशित्व**- जिससे दूसरों को वश में किया जाता है।

- **नौ निधियाँ (नौ निधियों अर्थात सम्पदाओं का उपयोग किसी के जीवन में समृद्धि बढ़ाने के लिए किया जा सकता है)**

नौ निधियों का उपयोग किसी के जीवन में धन और समृद्धि बढ़ाने के लिए किया जा सकता है। ऐसा माना जाता है कि ये 9 नव निधियां अपार शक्ति और ऊर्जा का स्रोत हैं जिनका उपयोग जीवन के सभी पहलुओं में सफलता लाने के लिए किया जा सकता है।

(1)-पद्म (कमल) पद्मा एक प्रकार का कमल का फूल है और इसे नव निधि कहा जाता है, एक आध्यात्मिक ऊर्जा जो लगातार पुनर्जन्म के माध्यम से एक व्यक्ति के साथ रहती है। ऐसा माना जाता है कि इसे सत्त्वगुण के उच्च अनुपात के साथ जीवन जीने के परिणामस्वरूप अर्जित किया गया है, जिसे मुख्य रूप से सत्य, पवित्रता, स्वच्छता और नैतिकता से युक्त बताया गया है।

पद्म नव निधि वाले लोगों के पास ऐसी संपत्ति होती है जो सोने और चांदी के रूप में आती है और सात्विक मानी जाती है, जिसे आने वाली पीढ़ियों तक हस्तांतरित किया जा सकता है। इसके अतिरिक्त, पद्म निधि वाले लोग धर्मार्थ दान के प्रति उदार माने जाते हैं।

ऐसा माना जाता है कि कमल का फूल गंदगी और कीचड़ में खिलता है, लेकिन इसकी जड़ें शुद्ध और स्वच्छ रहती हैं। माना जाता है कि पद्म नव निधि व्यक्ति को नैतिक जीवन और पवित्रता में बने रहने में मदद करती है।

(2) -महापद्म (बड़ा कमल) *महापद्म* भगवान कुबेर की नौ नव निधियों में से एक है। ऐसा माना जाता है कि यह अपार धन और समृद्धि का स्रोत है। महापद्म को सुंदर सुनहरे रंग वाला बताया गया है और कहा जाता है कि उसके पास अपार शक्ति है।

हिंदू पौराणिक कथाओं के अनुसार, यह राम की पत्नी सीता द्वारा भगवान हनुमान को उपहार में दिया गया था। ऐसा माना जाता है कि महापद्म का उपयोग जीवन के सभी पहलुओं में सफलता पाने के लिए किया जा सकता है।

पद्म निधि एक सात्विक अवधारणा है, जिसमें महा शब्द का अर्थ है "बड़ा" या "विशाल" - एक बड़े कमल की तरह। इसी तरह, महापाद नव निधि एक सात्विक अवधारणा है, लेकिन यह केवल अगली सात पीढ़ियों को ही अपना आशीर्वाद प्रदान करती है। यह निधि व्यक्तियों को उदार होने और अपने धन को साझा करने के लिए प्रोत्साहित करती है।

(3)- नीला (नीलम) इस *नील नव निधि* में नीलमणि या रत्न शामिल हैं और यह सत्व और रजस दोनों गुणों से संपन्न है। रजस उत्साह का गुण है। आम तौर पर, इस प्रकार की संपत्ति व्यावसायिक गतिविधियों या व्यापार के माध्यम से हासिल की जाती है।

नीला नव निधि को लगातार तीन पीढ़ियों तक पारित किया जा सकता है। यद्यपि प्राप्त समृद्धि प्रशंसनीय है, रजस का समावेश होने के कारण धन प्राप्ति में धूर्तता का अंश भी देखा जा सकता है।

अत: इस धन का रख-रखाव भी विवेक से करना चाहिए, क्योंकि इस धन का राजस घटक नकारात्मक परिणाम भी दे सकता है। नीला नव निधि धन का प्रतीक है, लेकिन यह यह भी दर्शाता है कि धन ही सब कुछ नहीं है, बल्कि यह अंत तक पहुंचने का एक साधन मात्र है।

(4)-शंख (शंख) शंख एक ऐसे व्यक्ति का प्रतीक है जो अत्यंत स्वार्थी माना जाता है। यह व्यक्ति अपार धन पैदा करने के लिए जाना जाता है, हालाँकि, वे इसका उपयोग केवल अपनी भलाई के लिए करते हैं, किसी और के लिए नहीं, यहाँ तक कि अपने परिवार के लिए भी नहीं।

शंख को अक्सर धन और समृद्धि से जोड़ा जाता है, और माना जाता है कि यह उन लोगों के लिए सौभाग्य और सौभाग्य लाता है जिनके पास यह होता है।

माना जाता है कि शंख में बुरी आत्माओं को दूर करने और कम भाग्यशाली समझे जाने वाले लोगों की मदद करने की शक्ति होती है। इसके अलावा, यह भी माना जाता है कि ये शंख अपनी उपस्थिति से किसी को भी धन और समृद्धि दिलाने में सक्षम होते हैं।

(5)-मकर (मगरमच्छ) *मकर नव निधि*, जिसका प्रतिनिधित्व मगरमच्छ करता है, उस पर तमस गुण का शासन है, जो सुस्ती, अंधकार और नीरसता का गुण है। इस नव निधि वाले व्यक्ति हथियार और गोला-बारूद इकट्ठा करने के लिए जाने जाते हैं।

चूंकि यहां तमस का प्रभुत्व है, व्यक्ति अंधेरे या दुष्ट गुणों को प्रकट करता है, और आधिकारिक शक्तियों या नेतृत्व में हस्तक्षेप करता है। मकर नव निधि वाले व्यक्ति शस्त्र से भी नष्ट हो जाते हैं। वे शारीरिक शक्ति से तो अच्छे हैं लेकिन उनमें मानसिक शक्ति नहीं है। वे स्वयं के साथ शांति में नहीं हैं और हमेशा दूसरों के साथ संघर्ष में रहने की आवश्यकता महसूस करते हैं।

वे भौतिक धन का संचय तो कर लेते हैं, परंतु मानसिक धन का संचय नहीं कर पाते। वे अपने स्वयं के मूल्य और मूल्य से पूरी तरह से अनजान हैं, इसलिए उन्हें लगातार दूसरों से सत्यापन की आवश्यकता होती है। वे

लालची होते हैं और उनका अपनी इच्छाओं पर कोई नियंत्रण नहीं होता। वे अपनी इच्छाओं से नियंत्रित होते हैं।

(6)- कच्छप (कछुआ) *कच्छप* एक शब्द है जो कछुए का पर्याय है। इस जीव की तरह ही, इस नव निधि वाला व्यक्ति भी काफी धन इकट्ठा कर लेता है, लेकिन उसका उपयोग करने के बजाय उसे कसकर पकड़ लेता है।

आम तौर पर, यह व्यक्ति एक स्किनफ्लिंट होता है जो शायद ही कभी अपने पैसे का इस्तेमाल खुद पर भी करता है। वह एक कंजूस हो सकता है, कोई ऐसा व्यक्ति जो अपने पैसे को लेकर बहुत कंजूस हो या कोई ऐसा व्यक्ति जो अपने पैसे खोने से बहुत डरता हो और इसलिए इसे गद्दे के नीचे या बैंक लॉकर में रखना पसंद करता हो।

इस शब्द का प्रयोग अंग्रेजी शब्द "टर्टल" की तरह ही किया जाता है। उच्चारण में अंतर इस तथ्य के कारण है कि "कछुआ" शब्द का उच्चारण शुरुआत में हल्की 'थ' ध्वनि के साथ किया जाता है जबकि "कच्छप" में यह ध्वनि नहीं है।

(7)- मुकुंद (सिनाबार या क्विकसिल्वर) मुकुंद सिनेबार या क्विकसिल्वर से जुड़ा है और रजस गुण द्वारा शासित है। यह नव निधि व्यक्ति के पास एक पीढ़ी तक रहती है। कहा जाता है कि सत्त्व की कमी के कारण, जो कि ईमानदारी का एक रूप है, इस नव निधि वाले लोगों को अप्रत्याशित रूप से धन का आशीर्वाद मिलता है जिसका वे अपने जीवनकाल में पूरा उपयोग करते हैं।

मुकुंद नव निधि वाले लोगों को आमतौर पर अचानक धन या दूसरों से अप्रत्याशित वित्तीय मदद मिलती है। यह परिवार के किसी सदस्य से विरासत के रूप में, लॉटरी जीतना, किसी मित्र से वित्तीय सहायता, किसी धनी व्यक्ति से उपहार प्राप्त करना, किसी व्यावसायिक उद्यम का लाभदायक हो जाना, किसी ऐसे व्यक्ति से अप्रत्याशित वित्तीय मदद के रूप में हो सकता है जो पहले से ही आर्थिक रूप से सुरक्षित था, आदि। .

इस नव निधि वाले लोगों द्वारा प्राप्त धन का उपयोग दो तरीकों से किया जा सकता है, या तो बचत के रूप में जो धन संचय करने का एक धीमा

लेकिन निश्चित तरीका है या खर्च के रूप में जिसके परिणामस्वरूप छुटकारा पाने का एक तेज़ लेकिन कम निश्चित तरीका है। धन का.

(8)-नंद (खुशी या प्रसन्नता) *नंद नव निधि* आनंद और प्रसन्नता से प्रकट होती है और सत्व और राजस गुण दोनों से प्रभावित होती है। माना जाता है कि जिनके पास यह बहुमूल्य संपत्ति होती है, उनकी आयु लंबी होती है। उनमें आम तौर पर सफलता की प्रबल लालसा होती है और वे जीवन में आगे बढ़ते रहते हैं। हालाँकि, ये व्यक्ति लगातार प्रशंसा के लिए तरसते हैं और उन्हें प्रशंसा की आवश्यकता होती है।

वे बहुत संवेदनशील होते हैं और नकारात्मक शब्दों से आसानी से आहत हो सकते हैं। संतुष्ट लोग लगभग निरंतर ख़ुशी की स्थिति में रहते हैं और अक्सर मुस्कुराते रहते हैं। वे दयालु और उदार हैं, लेकिन दुनिया और उसकी चुनौतियों के बारे में यथार्थवादी दृष्टिकोण भी रखते हैं। वे अक्सर शांत, विचारशील और शांत रहते हैं और आलोचना के प्रति बहुत संवेदनशील होते हैं।

जब रजस नियंत्रण में होता है, तो व्यक्ति बहुत सक्रिय, बेचैन और हमेशा गतिशील रहेगा। वे जल्दी क्रोध करने वाले होंगे और जल्दबाज़ी में निष्कर्ष पर पहुंचने वाले होंगे। जब सत्त्व नियंत्रण में होगा, तो व्यक्ति बहुत आराम और शांत रहेगा। वे आत्म-विश्लेषण में बहुत अच्छे होंगे और अक्सर सोचने और विश्लेषण करने में भी बहुत अच्छे होंगे। वे बहुत विचारशील, रचनात्मक और सहज ज्ञान वाले होंगे लेकिन कार्य करने में धीमे भी होंगे।

(9)-खरवा (अनगिनत) *खरवा* शब्द अनगिनत कपों की अवधारणा का प्रतीक है और अन्य सभी आठ नव निधियों का अल्प मात्रा में संयोजन है। जिन लोगों के पास खरवा निधि होती है वे बहुत चालाक होते हैं और हमेशा दूसरे लोगों से इसे लेकर अपने धन को बढ़ाने और अपनी समृद्धि बढ़ाने के तरीके खोजते रहते हैं।

वे खुद को अमीर बनाने के लिए कोई भी शॉर्टकट अपनाने से नहीं हिचकिचाते। ये बहुत लालची और चालाक होते हैं और जरूरत पड़ने पर अपने फायदे के लिए अपने दोस्तों की पीठ में छुरा घोंपने से भी नहीं

कतराते। अपने चालाक स्वभाव के कारण, उनके पास हमेशा एक प्लान बी होता है।

खरवास बहुत गणनात्मक होते हैं और हमेशा अपने अगले कदम के बारे में सोचते रहते हैं। वे अधिक पैसा कमाने के लिए हमेशा नए अवसरों की तलाश में रहते हैं। परिणामस्वरूप, वे अक्सर अपने परिवार और दोस्तों की उपेक्षा करते हैं और हमेशा अपने ही विचारों में डूबे रहते हैं। वे अच्छे सलाहकार होते हैं और अपने ग्राहकों की संपत्ति बढ़ाने के लिए हमेशा नए-नए तरीके सोचते रहते हैं।

- **8 Siddhis (Super-natural Powers)**

1. **Anima** - by which the seeker is not visible to anyone and enters the most difficult things.
2. **Mahima** - in which the yogi makes himself very big.
3. **Dignity** - by which the seeker can make himself as heavy as he wants.
4. **Laghima**- By which he becomes as light as one wants.
5. **Prapti**- By which one gets the desired thing.
6. **Prakamya**- By which, if desired, it can sink into the earth or fly in the sky.
7. **Ishitva**- By which one gets the power to rule over everyone.
8. **Vashitva**- By which others are controlled.

- **9 Nidhis (The Nine types of wealth, can be used to increase one's prosperity in life).**

The nine (9) Nidhis can be used to increase wealth and prosperity in one's life. It is believed that these 9 (Nav) Nidhis are a source of immense power and energy which can be used to bring success in all aspects of life.

1. **Padma (Lotus)** Padma is a type of lotus flower and is called Nava Nidhi, a spiritual energy that constantly remains with a person through rebirth. It is believed to be earned as a result of living a life with a high proportion of Sattva Guna, which is said to consist primarily of truth, purity, cleanliness and morality. People with Padma Nava Nidhi possess assets that come in the form of gold and silver and are considered pure, which can be passed on to future generations. Additionally, people with Padma Nidhi are considered generous towards charitable donations. It is believed that the lotus flower blooms in dirt and mud, but its roots remain pure and clean. Padma Nava Nidhi is believed to help a person to remain in moral life and purity.

2. **Mahapadma (Big Lotus)** Mahapadma is one of the nine Nava Nidhis of Lord Kubera. It is believed that it is a source of immense wealth and prosperity. Mahapadma is described as having a beautiful golden color and is said to possess immense power. According to Hindu mythology, it was gifted to Lord Hanuman by Rama's wife Sita. It is believed that Mahapadma can be used to achieve success in all aspects of life. Padma Nidhi is a Satvik concept, with the word Maha meaning "big" or "huge" – like a large lotus. Similarly, Mahapada Nava Nidhi is a Satvik concept, but it bestows its blessings only on the next seven generations. This fund encourages individuals to be generous and share their wealth.

3. **Blue (Neelam)** This Neel Nav Nidhi includes sapphire or gemstone and it is endowed with both Sattva and Rajas qualities. Rajas is the quality of enthusiasm. Generally, this type of wealth is acquired through business activities or trading. Neela Nav Nidhi can be passed down to three

consecutive generations. Although the prosperity achieved is admirable, due to the inclusion of Rajas, an element of cunningness can also be seen in acquiring wealth. Therefore, this wealth should also be maintained with discretion, because the Rajas component of this wealth can also give negative results. . The blue Nav Nidhi symbolizes wealth, but it also shows that money is not everything; rather it is merely a means to an end.

4. **Conch (Shankha)** The conch is a symbol of a person who is considered extremely selfish. This person is known for generating immense wealth, however, they use it only for their own well-being, not for anyone else, not even for their family. Shankha is often associated with wealth and prosperity. Shankha is believed to bring good luck and fortune to those who possess it. Shankha is believed to have the power to ward off evil spirits and help those considered less fortunate. Furthermore, it is also believed that these conch shells are capable of bringing wealth and prosperity to anyone by their presence.

5. **Makara (Crocodile)** Makara Nav Nidhi, represented by the crocodile, is ruled by the Tamasic guna. This is the quality of laziness, darkness and dullness. Individuals with this Nava Nidhi are known to collect weapons and ammunition. Since Tamas is dominant here, the individual manifests dark or evil qualities, and interferes with official powers or leadership. People with Capricorn Nav Nidhi can be destroyed even by weapons. They are good with physical strength but they lack mental strength. They are not at peace with themselves and always feel the need to be in conflict with others. They accumulate material wealth but are unable to accumulate mental wealth. They are completely unaware of their own worth and value, so they

constantly need validation from others. They are greedy and have no control over their desires. They are controlled by their desires.

6. **Kachhap (Tortoise)** Kachhap is a word which is synonymous with turtle. Like this creature, this newly minted person also accumulates a lot of money, but holds it tightly instead of using it. Generally, this person is a skinflint who rarely uses his money for himself. But also does. He may be a miser, someone who is very stingy with his money or someone who is very afraid of losing his money and therefore prefers to keep it under the mattress or in a bank locker.The word is used in English the word is used in the same way as "turtle". The difference in pronunciation is due to the fact that the word "Kachua" is pronounced with a light 'th' sound in the beginning whereas "Kachhapa" does not have this sound.

7. **Mukund (Cinnabar or Quicksilver)** Mukund Cinnabar or Associated with quicksilver and ruled by Rajas guna. This new wealth remains with the person for one generation. Due to the lack of Sattva, which is a form of honesty, people with this Nava Nidhi are said to be unexpectedly blessed with wealth which they utilize to their fullest during their lifetime. People with Mukunda Nava Nidhi are usually sudden wealth or unexpected financial help from others. This could be in the form of an inheritance from a family member, winning the lottery, financial assistance from a friend, receiving a gift from a wealthy person, a business venture becoming profitable, unexpected financial help from someone who was already financially secure, etc. The money received by this newly endowed people can be used in two ways, either as savings which is a slow but sure way of accumulating wealth or as spending

which results in a faster way of getting rid of wealth. But there is a less certain way in either cases.

8. **Nand (Happiness or Delight)** Nand Nav Nidhi manifests with joy and happiness and is influenced by both Sattva and Rajas gunas. It is believed that those who possess this valuable property have a long life. They generally have a strong desire for success and keep moving forward in life. However, these individuals constantly crave praise and need praise. They are very sensitive and can be easily hurt by negative words. Satisfied people live in a nearly constant state of happiness and smile often. They are kind and generous, but also have a realistic view of the world and its challenges. They are often quiet, thoughtful and calm and very sensitive to criticism. When Rajas is in control, the person will be very active, restless and always on the move. They will be quick to anger and jump to conclusions. When Sattva is in control, the person will be very relaxed and calm. They will be very good at self-analysis and will also be very good at thinking and analyzing often. They will be very thoughtful, creative and intuitive but will also be slow to act.

9. **Kharva (Countless)** The word Kharva symbolizes the concept of countless cups and is a combination of all the other eight Nava Nidhis in small quantities. People who have Kharva Nidhi are very clever and are always looking for ways to increase their wealth and increase their prosperity by taking it from other people. They do not hesitate to take any shortcut to make themselves rich. They are very greedy and cunning and if necessary, they do not shy away from backstabbing their friends for their own benefit. Due to their cunning nature, they always have a Plan B. Kharvas are very calculative and are always

thinking about their next move. They are always looking for new opportunities to earn more money. As a result, they often neglect their family and friends and are always lost in their own thoughts. They are good advisors and are always thinking of new ways to increase the wealth of their clients.

आरती - पूजा के अंत में एक अनुष्ठान
Obeisance - A ritual at the end of worship

सुंदरकांड और हनुमान चालीसा का पाठ करने के बाद, आरती (अंतिम प्रणाम) करके समापन किया जाता है |

After the Sundarkand and Hanuman Chalisa recitation is done, aarti (a final obeisance) is done to conclude.

पूजनीय प्रभो हमारे, भाव उज्जवल कीजिये ।
छोड़ देवें छल कपट को, मानसिक बल दीजिये ॥ १ ॥

Respected Lord, brighten our feelings. We give up cheating & deceit, give us mental strength. ||1||

वेद की बोलें ऋचाएं, सत्य को धारण करें ।
हर्ष में हो मग्न सारे, शोक-सागर से तरें ॥ २ ॥

We speak the verses of the Vedas, embrace the truth. May all be immersed in joy, may all swim out of the ocean of sorrow. ||2||

अश्वमेधादिक रचायें, यज्ञ पर-उपकार को ।
धर्म- मर्यादा चलाकर, लाभ दें संसार को ॥ ३ ॥

We do all the best things that we can for beneficence and to give benefit to the world by maintaining ethics and dignity. ||3||

नित्य श्रद्धा-भक्ति से, यज्ञादि हम करते रहें ।
रोग-पीड़ित विश्व के, संताप सब हरतें रहें ॥ ४ ॥

May we continue to perform Yagya (pious deeds) with daily devotion. May all the sufferings of the disease-stricken world be removed. ||4||

भावना मिट जाये मन से,पाप अत्याचार की ।
कामनाएं पूर्ण होवें,यज्ञ से नर-नारि की ॥ ५॥

The feelings and sins of atrocities should be erased from the mind. The wishes of men and women should be fulfilled by paying obeisance. ||5 ||

लाभकारी हो हवन, हर जीवधारी के लिए ।
वायु जल सर्वत्र हों, शुभ गंध को धारण किये ॥ ६॥

May Havan (worship) be beneficial for every living being. May air and water be everywhere, carrying auspicious fragrance. ||6 ||

स्वार्थ-भाव मिटे हमारा,प्रेम-पथ विस्तार हो ।
'इदं न मम' का सार्थक,प्रत्येक में व्यवहार हो ॥ ७॥

Our selfishness should be eradicated; the path of love should expand. **'Idam na mam'** should be meaningful in everyone's behavior. ||7 ||

इदं न मम 'Idam **na mam'** means "This is not mine. This life, this action. Nothing is mine! Nothing is for me! My life is for the world! Rest of the universe!"

प्रेमरस में मग्न होकर,वंदना हम कर रहे ।
'नाथ' करुणारूप ! करुणा, आपकी सब पर रहे ॥ ८॥

Immersed in love, we are worshiping the 'Lord' in the form of compassion! May your compassion be upon us all. ||8 ||

लेखक द्वारा अंतिम सलाह
Final Advise by Author

निश्चय प्रेम प्रतीति ते, विनय करें सनमान।
तेहि के कारज सकल शुभ, सिद्ध करैं हनुमान।।

जो कोई भी भक्त हनुमान जी के सामने दृढ़ संकल्प लेकर पूर्ण श्रद्धा, विश्वास और प्रेम से उनसे प्रार्थना करता है हनुमान जी उनके सभी कार्यों को सिद्ध करते हैं।

Any devotee who prays to Hanuman ji with a firm determination, full devotion, faith & love, Hanuman ji accomplishes all his tasks.

अतः आपसे अनुरोध है कि एक बार इस सुंदरकांड पाठ को पढ़ें, इसमें छिपी शिक्षाओं को समझें, उनका पालन करें और अपने उद्देश्य के लिए आगे बढ़ें। सफलता अवश्य मिलेगी।

So, it is requested that once you read this Sundarkand paath, understand its hidden teachings, follow them and proceed for your mission. You will surely succeed.

प्रबिसि नगर कीजे सब काजा। हृदयँ राखि कोसलपुर राजा॥

अयोध्या के राजा श्री रघुनाथजी को हृदय में रखते हुए नगर में प्रवेश करके सब काम कीजिए।

Enter the city and do all the work keeping King Shri Raghunathji of Ayodhya in your heart.

प्रभु आपके सभी मनोरथ पूर्ण करें
May God fulfill all your wishes

सुन्दरकाण्ड

डीके शर्मा एक इंजीनियरिंग स्नातक हैं और व्यावहारिक और तार्किक पहलुओं को खोजने के लिए पिछले 25 वर्षों से ज्योतिष और संबंधित तंत्र-मंत्र में शोध कर रहे हैं।

DK Sharma is an engineering graduate and researching in astrology and related occults since last 25 years to find practical and logical aspects.

www.ingramcontent.com/pod-product-compliance
Lightning Source LLC
LaVergne TN
LVHW061612070526
838199LV00078B/7257
9789359895512